学校心理学に もとづく教育相談

「チーム学校」の実践を目指して

山口 豊一　松嵜くみ子

[著]

金子書房

はじめに

　学校教育をめぐる子どもたちの課題や、教師・保護者・スクールカウンセラーなどの援助者をとりまく環境は、大きく変わってきています。複雑化・多様化しているのです。

　長引く不況は、子どもの家庭生活を脅かし、貧困問題となって子どもの成長発達に影響しています。東日本大震災に象徴される自然災害は、人々の日常を奪い、援助を必要とする子ども、援助する保護者や教師に強い影響を与えています。また、児童虐待の増加が報告され、子どもや保護者の苦戦が推察されます。さらに、2012 年の文部科学省調査によると、発達障害を抱えて学習面や行動面で苦戦している子どもの割合が約 6 ％に上ると報告されています。このような環境の中で、成長発達過程にある子どもたちは、以前にもまして援助を必要としています。

　一方で、援助者側の環境も変わっています。2015 年文部科学省より、「チームとしての学校の在り方と改善方針（答申）」が出され、教師、スクールカウンセラー、スクールソーシャルワーカーなどの専門スタッフによるチーム援助体制を整えて子どもを援助する学校教育に期待が寄せられています。また、2017 年 9 月 15 日に「公認心理師法」が施行されました。公認心理師は、保健医療、福祉、教育などの分野で活躍できる国家資格です。学校現場にいる専門スタッフとして活躍が期待されます。

　本書は、このような問題意識のもと作成しました。図（次頁）のような章立てになっています。第 1・2 章では、教育相談とチーム援助に関する基礎理論について理解を深めることができます。第 3 章では、子どもの発達課題（エリクソンの理論）における、子どもを理解するための

ひとつの枠組みを取り上げています。第4・5章では、子どもの発達特性などの精神医学的理解を取り上げ、DSM-5、ICD-10を参考に、子どもの理解と援助プランを作成するために必要な情報を提供しています。そして、第6章では、現代の子どもが直面する課題の中から、セクシャル・マイノリティ、受験ストレス、SNSによるいじめなどの事例を取り上げ、解説しています。

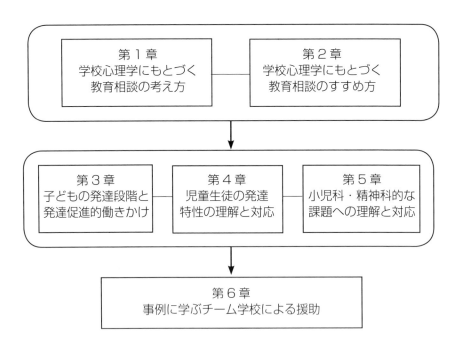

本書は、読者それぞれのニーズに応じて、それに合った章からお読みいただければと考えて構成しました。理論的なことを知りたい方は第1・2章を、子ども理解のための発達理論について知りたい方は第3章、発達障害などの発達特性や精神医学的な知識を知りたい方は第4・5章、現代の課題に関する事例から学びたい方は第6章、というようにご活用いただければと考えています。

　学校における子どもの援助ニーズと学校をとりまく状況に応じ、子どもも、援助者である保護者・教師などもサポートできることを目的に本書を刊行しました。まさに、「チーム学校」の実践を目指すものです。

　現場の担任の先生、教育相談担当、生徒指導主事などの教師、スクールカウンセラー、スクールソーシャルワーカーなどの専門スタッフ、援助職を目指している学生、対人援助の研究者の皆さまに参考になれば幸いに思います。そして、子ども一人ひとりに対するサポートが充実し、一人ひとりの子どもの成長発達が促進され、学校生活の質が向上する一助になればと思っています。

2018 年 9 月
山口豊一

◆目 次◆

はじめに iii

Ⅰ 学校心理学にもとづいた教育相談とは

第1章 学校心理学にもとづく教育相談の考え方 ····················· 1

1 教育相談の意義と定義 2

2 教育相談における3段階の心理教育的援助サービス 6

3 教育相談におけるアセスメントと援助サービス
——学習、心理・社会、進路、健康の4側面 10

4 教育相談におけるチーム援助——4種類のヘルパー 18

COLUMN 公認心理師と教育相談 21

第2章 学校心理学にもとづく教育相談のすすめ方
——チーム学校による対応 ····························· 23

1 組織的に教育相談を行う体制づくり 24

2 学校で行うカウンセリング
——教師、ＳＣ、保護者で取り組むチーム援助 30

3 支援・援助につながるアセスメント——援助シートの活用 34

4 教育相談における援助の心がまえ 38

5 学校外の専門家と連携するチーム援助 42

COLUMN スクールカウンセラーの役割 47

Ⅱ　支援・援助に結びつく児童生徒の理解

第3章　子どもの発達段階と発達促進的働きかけ……………………49

1　乳幼児期——アタッチメント・安全基地と探索・社会的参照　　50

2　児童期——意欲・動機づけ　　54

3　思春期・青年期
　　——第二次性徴・アイデンティティの形成・自立　　58

　　COLUMN　　内発的動機づけ活用の工夫　　62

第4章　児童生徒の発達特性の理解と対応……………………………63

1　診断横断的なアプローチによる発達特性の理解と対応
　　——発達障害の理解を具体的な対応に結びつける工夫　　64

2　自閉スペクトラム症／自閉症スペクトラム障害　　68

3　注意欠如・多動症／注意欠如・多動性障害　　72

4　限局性学習症／限局性学習障害　　76

　　COLUMN　　親子で一緒に取り組む
　　　　　　　——ダメ出しは禁物、自尊感情を高めよう　　81

第5章　小児科・精神科的な課題への理解と対応…………………83

1　心身症・不定愁訴　　84

2　うつ　　88

3　不安・恐怖　　92

4　チック　　96

5　摂食障害　　100

6　自傷　　104

目　次　vii

| COLUMN | 「一人」でいることは悪いこと？ | 108 |

Ⅲ　学校心理学にもとづく教育相談の実際

第6章　事例に学ぶチーム学校による援助
——現代的な課題を中心に‥‥‥‥‥‥‥‥‥‥‥‥‥‥‥109

1　不登校　　　110

2　SNS、LINEによるいじめ　　　114

3　ネット、スマホ依存　　　118

4　暴力行為　　　122

5　セクシャル・マイノリティ　　　126

6　児童虐待　　　130

7　受験ストレス　　　134

8　発達障害　　　138

| COLUMN | 教師に対する援助要請 | 143 |

おわりに　　146

Ⅰ 学校心理学にもとづいた教育相談とは

第1章

学校心理学にもとづく
教育相談の考え方

　教育相談の考え方を整理する地図として、学校心理学はとても役に立つ。学校心理学とは、学校教育において一人ひとりの子どもが学習面、心理・社会面、進路面、健康面における発達課題・教育課題の取り組みで出会う問題状況の解決を援助し、子どもの成長を促進する心理教育的援助サービスの理論と実践を支える学問体系である（石隈, 2016）。

　教育相談では、子ども一人ひとりの教育的ニーズ（援助ニーズ）に応えることが重要である。そのためには、子どもと環境との折り合いを調整することが求められ、先生、保護者、スクールカウンセラーなどがチームで援助すること（チーム学校）が必要であり、それを実践できる学校システムが求められる。

石隈利紀　2016　学校心理学の意義　日本学校心理学会（編）　学校心理学ハンドブック［第2版］「チーム」学校の充実をめざして. pp. 4-5

1 教育相談の意義と定義

教育相談と生徒指導

　学校教育には、学習指導と生徒指導という2つの大きな柱があり、教育相談は生徒指導の一機能としてとらえられる。文部科学省の『生徒指導提要』において、教育相談は「児童生徒それぞれの発達に即して、好ましい人間関係を育て、生活によく適応させ、自己理解を深めさせ、人格の成長への援助」と定義され、特定の教員が行うものではなく、すべての教員で行い、特定の場所（例：相談室）だけで行われるものではない。一方、生徒指導とは「一人一人の児童生徒の人格を尊重し、個性の伸長を図りながら、社会的資質や行動力を高めることを目指して行われる教育活動」とあり、教育相談は、生徒指導の一部の機能を果たす。とくに、個別の援助が教育相談の大きな役割といえる。

　学校心理学における心理教育的援助サービスは、一人ひとりの子どもの援助ニーズに応じて行うもので、教育相談と生徒指導、両方に寄与する（図1-1）。

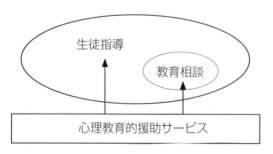

図1-1　生徒指導・教育相談・心理教育的援助サービスのモデル（山口, 2005）

教育相談の目的

　教育相談の大きな目的は、一人ひとりの児童生徒が現在や将来の社会生活に適応できるようにし、彼らの人間的な成長や自己実現を促すことである。『生徒指導提要』では、教育相談はすべての児童生徒を対象とし、①いじめ、不登校、非行などの問題を抱えている児童生徒、②学習や対人関係、家庭の問題等で不適応感をもち始めてきているが、まだ非行などの具体的な行動には表れていない児童生徒、③特段の問題がなく元気に学校生活を送っている多数の児童生徒、すべての児童生徒の学校生活への適応とよりよい人格の向上を目指すことが述べられている。

　学校心理学の援助サービスモデル（p. 7）で上記①～③を説明すると、③はとくに問題のみられない児童生徒も含めた「すべての児童生徒」を対象とした、スキルの獲得や健康の増進を高めるための開発的な援助サービス（開発的教育相談）、②は不適応を起こしかけている、または起こしそうな「一部の児童生徒」を対象とする、早期発見・早期対応による予防的な援助サービス（予防的教育相談）、①は不適応を起こしている「特定の児童生徒」に対し、不適応の解決を目指す問題解決的な援助サービス（治療的教育相談）である。

　教育相談は、学校心理学における3段階の援助サービスを児童生徒の援助ニーズに応じて行うことが目的であるといえる。

学校における教育相談の特質

（1）利点

　学校における教育相談には、学校ならではの特質があり、利点がある。『生徒指導提要』（p.93）では、以下のような利点があげられている。
①早期発見・早期対応が可能
　教職員は日ごろから児童生徒と同じ場で生活しているため、児童生徒

を観察し、家庭環境や成績など多くの情報を得ることができ、問題が大きくなる前にいち早く気づきやすい。また、専門機関のように自発的な相談を待つのではなく、小さな兆候（サイン）をとらえて問題に適切に対応し、深刻な状態になる前に早期に援助することが可能である。

②援助資源が豊富

　学校には、学級担任はじめ、教育相談担当教員、養護教諭、スクールカウンセラー（以下、SC）など、さまざまな立場の教職員がいるため、一人の児童生徒に対して、多くの教職員が多様なかかわりをもつことができる。また、それぞれの専門性を活かした日常の観察やきめ細かいかかわりが可能である。

③連携がとりやすい

　学校には、さまざまな教職員がいて連携をとることができる。また、外部との連携においても、学校という立場から連携がとりやすい。教育相談機関、医療機関、福祉機関、警察等の司法・犯罪関係の機関などとの連携は、困難な問題の解決に欠かすことができない。

(2) 課題

　学校における教育相談は、学校内外における連携のもと、児童生徒を援助していくが、課題もある。『生徒指導提要』（pp.93-94）では以下のようなことが指摘されている。

①連携

　連携を図る場合、秘密保持や個人情報の保護についての共通認識が求められるが、それが難しい。例えば、SCの守秘義務が教師に十分理解されず、情報の開示を要求されたり、内密に提供した情報がどこからか漏れてしまうことがある。また、学校と関係機関で必ずしも十分な連携が図られていない現状があるとの指摘もある。円滑な連携は、児童生徒を支援するための大きな力となるが、連携がうまく行われないことにより、問題が解決しないばかりでなく、悪化する場合もある。教育相談においては、連携がカギとなる。

②実施者と相談者が同じ場にいることの困難さ

教育相談はすべての教員があらゆる機会をとらえて行うもので、教育相談の実施者が、相談を受ける側の児童生徒と同じ場で学校生活を送っている。そのため、教育相談の面接において、それ以外の場面（例：授業、部活動）での児童生徒と教員の人間関係が反映しがちである。例えば、児童生徒が面接場面で「担任には本当のことは言えない」と感じ、安心して相談する気持ちを妨げられる可能性がある。このような場合には、学校における教育相談の利点である多様な援助資源を活用し、養護教諭、SC、スクールソーシャルワーカー（以下、SSW）などとの連携を図る必要がある。

③学級担任・ホームルーム担任が教育相談を行う場合の葛藤

　児童生徒の問題行動等への担任の対応では、指導的かかわりを担う立場と、児童生徒を理解し、援助する立場という、一見矛盾した役割を担う。児童生徒が問題を起こすに至った背景への理解を深め、気持ちを受けとめるとともに、問題への指導も行なわなければならない。共感的かかわりと指導的かかわりを同時に一人が担うことは容易ではない。したがって、学級担任・ホームルーム担任が一人で抱え込まずに、学校内外の連携を生かした対処を図ることが必要になる。

　学校における教育相談は、その利点と課題を十分に理解したうえで行いたい。そのために、学校心理学の知見にもとづいた援助は有用である。以降、学校心理学にもとづいた教育相談について、述べていく。

文献

石隈利紀　1999　学校心理学．誠信書房

石隈利紀・山口豊一　2005　生徒指導における援助サービスの実際　山口豊一（編著）石隈利紀（監修）　学校心理学が変える新しい生徒指導．学事出版

黒田祐二　2014　イントロダクション——教育相談とは　黒木祐二（編著）実践につながる教育相談．北樹出版

文部科学省　2010　生徒指導提要．

元永拓郎　2018　公認心理師の法的義務・倫理　野島一彦・繁桝算男（監修）野島一彦（編）公認心理師の職責（公認心理師の基礎と実践①［第1巻］）．遠見書房

山口豊一　2005　生徒指導の意義と課題　山口豊一（編著）石隈利紀（監修）　学校心理学が変える新しい生徒指導．学事出版

2 教育相談における 3 段階の 心理教育的援助サービス

　学校心理学における心理教育的援助サービスは、その援助対象によって段階的に位置づけられる。児童生徒はそれぞれ異なる援助ニーズを抱えており、各々の児童生徒に応じた心理教育的援助サービスが必要だととらえ、一人ひとりの児童生徒の援助ニーズに応じて、一次的〜三次的援助サービスを行う（図 1-2）。

一次的援助サービス

　一次的援助サービスは、すべての児童生徒を対象にしている。すべての子どもたちが課題に取り組むうえでなんらかの援助を必要としているととらえ、困難を予測して前もって行う予防的な援助、またはスキルの獲得などの開発的な援助を行う。

　例えば、予防的な援助である入学時の適応支援あるいは学校生活スキル、対人関係スキルの獲得などの開発的な援助を行う。対人関係スキルを獲得することにより、子どもたち同士がよりよい関係を築きやすくなり、学習意欲や自尊感情が高まるといわれている。開発的援助は不登校、いじめなどの予防にもつながる。

二次的援助サービス

　二次的援助サービスは、学校生活において苦戦し、追加の援助を必要とする一部の児童生徒に対して行われる。初期の段階で発見し、問題が大きくなることを予防する。早期に発見するためには、援助者一人ひと

6　　I　学校心理学にもとづいた教育相談とは

図1-2　3段階の援助サービスの対象と問題の例
（学会連合資格「学校心理士」認定運営機構学校心理士認定委員会，2002）

りがSOSの信号を子どもの態度や表情からとらえる目をもつこと、多くの援助者からの情報を生かすことが必要である。

　二次的援助サービスは、例えば、登校することが難しくなっていたり、学業に気持ちが向きにくくなっていたりする子どもたちが対象になる。他にも帰国子女や転校生等の家庭環境や生活環境が大きく変化した子どもたちも対象となる。その場合は、学校生活だけでなく、家庭での状況も十分に配慮する必要があり、担任だけでなく養護教諭、SC、SSW、保護者との連携が重要となる。

　二次的援助サービスの実践のひとつとして、子どもたちが小学校から中学校へ進学する移行期間の援助である、紙上コンサルテーションがあげられる（図1-3）。小学校において学校生活に苦戦している子どもたちの学習、心理・社会、進路、健康4側面（1章3参照）からとらえた状態をまとめ、中学校の担任の対応も含めて小学校の担任・SCが検討し、進学する学校へ対応を伝えるものである。

　二次的援助サービスでは、一次的援助サービスよりもプラスアルファ

小・中連携シート

氏名 (　) 　男 ・ 女 　生年月日 (　 年 　 月 　 日) 　○○市立 (　) 小学校

	学習面	心理・社会面	進路面	健康面
得意なこと				
してきた援助と結果				

小学校

出席状況	1 年	2 年	3 年	4 年	5 年	6 年
出席日数						
欠席日数						
遅刻						
学外通級日数						

家族構成	交遊関係	学校での様子	家庭・地域での様子

進学先中学校 　(　) 中学校

担任からのコメント	SC からのコメント

図 1-3　紙上コンサルテーションで用いられる「小・中連携シート」
(石隈・田村，2003；早川・小林，2010；新座市教育委員会，2004 を参考に作成)

の援助を行い、対象となる子どもがより生活しやすいようにしていくことが求められる。

三次的援助サービス

　三次的援助サービスは、長期欠席、非行、いじめ、障害などの特別な援助ニーズをもつ特定の児童生徒を対象とする援助サービスである。特別な援助ニーズをもつ子どもが、自分のもつ強さ（自助資源）や周りの

8 　I　学校心理学にもとづいた教育相談とは

支援（援助資源）を活用しながら、発達上や教育上の課題に取り組み、さまざまな問題に対処しながら学校生活を送れるように援助していく。

　特別な援助ニーズをもつ子どもは、授業や部活動など、さまざまな場面での援助が必要である。また、教室以外にも保健室、相談室、教育支援センター（適応指導教室）、特別支援学級など、さまざまな場所が援助サービスの場となる。担任やSCがそのケースに応じた援助チームをつくり、子どもの状況について心理教育的アセスメントを行い、対象となる子どもに合わせて、個別の指導計画や、個別の教育支援計画を作成するなどの対応を行う。そして、丁寧なアセスメントにもとづき、援助のためのチーム会議を開き、役割分担しながらチームで援助を行っていくことが必要となる。チーム援助については、次章で具体的に述べる。

　学年や学校をまたぐような長期間の不登校のように、とくに援助ニーズが大きい場合は、関係の専門機関（児童相談所、教育支援センター、保健センター等）との連携を図りながら、援助をすすめる必要がある。

文　献

学会連合資格「学校心理士」認定運営機構学校心理士認定委員会　2002　学校心理学ガイドブック.

石隈利紀　1999　学校心理学——教師・スクールカウンセラー・保護者のチームによる心理教育的援助サービス.　誠信書房

石隈利紀・田村節子　2003　石隈・田村式援助シートによるチーム援助入門［学校心理学・実践編］. 図書文化社

石隈利紀・山口豊一　2005　心理教育的援助サービスの内容　山口豊一（編著）石隈利紀（監修）学校心理学が変える新しい生徒指導. 学事出版

小野瀬雅人　2016　学校心理学の方法　石隈利紀・大野精一・小野瀬雅人・東原文子・松本真理子・山谷敬三郎・副沢周亮（責任編集）日本学校心理学会（編）学校心理学ハンドブック［第2版］「チーム」学校の充実をめざして. 教育出版

山口豊一　2003　チーム援助に関する学校心理学的研究——不登校に関する三次的援助サービスの実践を通して.　学校心理学研究，3（1），41-53.

山口豊一　2005　心理教育的援助サービスの方法　山口豊一（編）石隈利紀（監修）学校心理学が変える新しい生徒指導——一人ひとりの援助ニーズに応じたサポートを中心として.学事出版

山口豊一・松嶋くみ子・荒嶋千佳・奥田奈津子・久野優実　2016　対人関係に関するソーシャルスキル・トレーニングの介入研究——中学生を対象として　日本子ども健康科学会（編）子どもの健康科学，16（2），27-33.

3 教育相談におけるアセスメントと援助サービス
——学習、心理・社会、進路、健康の4側面

　学校心理学の心理教育的援助サービスにおいては、学習面、心理・社会面、進路面、健康面の4側面（図1-4）から児童生徒をアセスメントし、援助につなげる。ここでは、教育相談における学習面、心理・社会面、進路面、健康面、4側面からのアセスメント、援助方法を解説する。

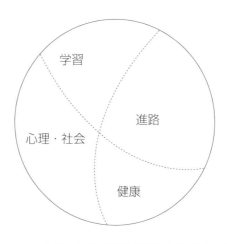

図1-4　トータルな存在である子どもたちの4つの側面
（石隈, 1999）

学習面での援助サービス

(1) 学習面でのアセスメント

　学校において児童生徒が最も長く費やす時間は学習（授業）である。学習面の問題は、心理・社会面や進路面の問題とも絡みあうため、重要

な援助サービスの一側面である。学習面でのアセスメントでは、学力、知能に加え、学習を支える認知、情緒、行動、それぞれの情報を収集する。

①学力

児童生徒が教師の学習指導によって獲得した能力を指し、学校で実施されるテストなどで情報が得られる。

②知能

遺伝と環境双方の影響を受け、個人が獲得した認知的能力（例：情報を処理して問題を解決する能力）である。学力とは異なるもので、アセスメントには、田中ビネー式知能検査、ウェクスラー式知能検査、K-ABCなどの知能検査が用いられる。

③学習を支える認知、情緒、行動

学習についての考え方や学習方略などの認知面、学習への動機づけや承認欲求などの情緒面、学習習慣などの行動面をアセスメントすることも必要である。いずれも、質問紙（例：授業評価アンケート）、観察、聞き取り（児童生徒との面接）により状況を把握することができる。

(2) 学習面の援助

学習面への援助サービスは、学習意欲の促進、児童生徒の学習状況（学習習慣、学力、学習スタイルなど）の理解、学習スキルの獲得、学習計画の立案の援助、基礎学力の獲得などである。援助方法の例をあげる。

①自分（児童生徒）の学習意欲を高める。

②自分の学習習慣、学習スタイル、学力など学習状況を理解する。

③自分に合った学習スキルを獲得する。

④自分に合った学習計画を立てる。

⑤学習面での困難さ、不安、遅れに対処する。

⑥自分に合った学習方法や学習習慣を獲得する。

また、限局性学習症が疑われる場合は、医療機関と連携することが求められる場合もある。

心理・社会面での援助サービス

(1) 心理・社会面でのアセスメント

　児童生徒の心理面と社会面の問題は、自分自身や他者とのつき合い方と密接に関係している。児童生徒が自分自身や他者とどのようにつき合い、かかわっているのかを検討するためには、聞き取り（面接）・観察・検査（例：ビッグ・ファイブ、東大式エゴグラム）などのさまざまな手法によって情報収集を行う必要がある。

　心理面のアセスメントでは、児童生徒が自分自身とどのようにつき合っているのかを検討する。児童生徒の現在及び過去の情緒の状況、考え方の特徴、言語の特徴、行動の特徴など、児童生徒自身の心のありようについて情報を集め、アセスメントする。

　社会面は、児童生徒が自分以外の人（家族、クラスメイトなど）とどのようにかかわっているのかを検討する。現在及び過去の他者・集団とのかかわり方、置かれた環境とのかかわり方について、その特徴や適合性、スキルの習得状況などの情報を収集し、アセスメントする。

(2) 心理・社会面の援助

　心理・社会面での援助サービスには、児童生徒の情緒的な苦悩の軽減や自己理解（心理面での内的適応）の促進と友人、学級、学校への集団適応（社会面での外的適応）の促進などがある。児童生徒の自分とのつきあい方（心理面）と他人とのつきあい方（社会面）における問題状況の解決を援助する。援助例を以下にあげる。

◆心理面の援助

①自分（児童生徒）の考え・感情・行動を理解する。

②自分に対する効力感（自信）を獲得し、向上させる。

③ストレスに対処する。

④ストレス対処法を獲得する。

⑤情緒的な苦悩を軽減し、情緒的な安定を獲得する。

◆社会面の援助

①友人・教師・家族との人間関係の状況を理解する。

②学級集団や友人のグループに適応する。

③対人関係の問題を解決する。

④対人関係スキルを獲得する。

進路面での援助サービス

(1) 進路面でのアセスメント

　進路面のアセスメントは、児童生徒が進路選択に取り組む過程で直面する問題やその時の状況についての情報の収集・分析を行う。

　進路面のアセスメントの視点は、①すべての児童生徒が進路課題に取り組むうえで必要とする進路選択スキルの発達状況を把握する、②配慮を要する児童生徒とその問題状況の程度についてのアセスメントを行う、③進路選択過程において情緒的に深刻な混乱状態に陥っている特定の児童生徒を対象に、彼らの問題状況や危機の程度についてのアセスメントを行う、の3点があげられる。

　学校心理学の3段階の援助サービスにおいて、①は一次的援助サービス、②は二次的援助サービス、③は三次的援助サービスとなる。

(2) 進路面の援助

　進路面での援助サービスは、生徒指導でいう進路相談にあたる。進路相談は、進路指導の重要な機能を担う教育相談の一側面で、「単に就職、進学のための配置指導ではなく、生徒が将来、進むべき人生の方向を設計し、吟味し、その実現を指導・援助する活動」（文部省，1990）である。進学先や就職先の決定そのものだけではなく、決定の基盤となる、生き方、生きる方向の選択の援助を行う。進路面の援助例を以下にあげる。

①自分（児童生徒）の進路適性を理解する。

②自分の進路について検討するスキル（例：情報収集）を身につける。

③自分の進路決定における迷いや不安に対処する。

④自分の進路決定における家族や教師の意見に対処する。

⑤自分の夢と現実（自分の適性、職場状況）のズレに対処する。

健康面での援助サービス

(1) 健康面でのアセスメント

　子どもは、心身の発達途上にあり、自分の状態を理解し言語化することが難しい。そのため、悩みやストレスを身体化し、身体的な症状として表出することが多くみられる。健康面のアセスメントをする場合には、心と身体の密接なつながりを考慮することが求められる。

　健康面のアセスメントでは、心身の健康状況、体格や体質、既往症、生活習慣、健康維持行動など、子どもの健康面に関する情報を幅広く集め、状況を検討する。心理的なストレスによって、身体・心・行動にさまざまな反応（身体反応）が表れることがあるため、これらの反応を早期にキャッチし、ストレスによるものかどうかのアセスメントを行うことが重要である。

(2) 健康面の援助

　健康面での援助サービスとは、子どもが社会的生活や積極的な行動に耐え得るような心や身体を育てるための指導・援助で、健康に関する指導や相談活動である。

　健康面での援助例は、次のようにまとめられる。

①自分（児童生徒）の健康状況を理解する。

②自分なりの健康的な生活習慣を身につける。

③自分の健康を管理するスキル（例：疲れた時は十分な休養をとる）を身につける。

④自分の健康状況（例：病気、障害）を受け入れ、自分なりのつきあい方を身につける。

⑤健康上の不安に対処する。

以上、学習、心理・社会、進路、健康の4側面からのアセスメントを通して、トータルな存在として児童生徒を理解し、適切な指導・援助につなげたい。表1-1に4側面のアセスメントと一次的、二次的、三次的援助サービスをまとめた。アセスメントは評価や診断をするものではなく、適切な指導・援助につなげるものとの認識をもち、検査の結果や情報を検討することが肝要である。

表1-1　三段階の援助サービスとアセスメント・援助計画（例）

	援助サービス	アセスメント	援助計画
学習面	一次的援助サービス	定期テスト、授業評価アンケート	興味・関心のもてる教材や課題を取り入れるなど、児童生徒が積極的に取り組める授業づくりをする。
	二次的援助サービス	定期テスト、授業観察、聞き取り（児童生徒との面接）	急にテストの点数がおちた、授業に集中しなくなっている様子があるなどの児童生徒への早期対応をする。
	三次的援助サービス	知能検査や発達障害のアセスメントツールによる特別な援助ニーズの把握	著しい学習の遅れ、偏りがみられる児童生徒に専門的なアセスメントを行い、一人ひとりに応じた援助計画をたてる。心理、医学の専門家と連携する。
心理・社会面	一次的援助サービス	日常の行動観察　入学時、新学期開始時のアンケート	学校生活スキル、対人関係スキルを獲得するため、SGEなどを取り入れて学級づくりをする。
	二次的援助サービス	集団活動に十分には適応できていない児童生徒を把握（観察や聞き取り、SOSチェックリスト）	深刻な問題にならないよう、個別に話を聞く時間を設けたり、集団活動の際に配慮したりする。
	三次的援助サービス	友だちとのトラブルが頻繁にあるなど、個別の援助が必要な児童生徒の理解　心理検査（東大式エゴグラムなど）	学級担任、教育相談主任などが、SCなどのアドバイスをうけながら、人間関係の調整を援助する。

	援助サービス	アセスメント	援助計画
進路面	一次的援助サービス	進路相談（全員実施のもの）	すべての児童生徒が進路課題に取り組むうえで必要とする進路選択スキルの発達を把握し、進路適性を理解する。
	二次的援助サービス	進路相談や進路面で配慮を要する児童生徒とその問題状況の程度の把握、理解	学級担任が、個別に話を聞く時間を設けるなどし、進路決定における迷いや不安に対処する。
	三次的援助サービス	進路面での困難や課題が大きい児童生徒の問題状況や情緒的な危機の程度の把握、理解	担任、進路指導主事、ＳＣ、保護者が、進路面についての懸念点、課題など具体的に話しあい、対応を考える。
健康面	一次的援助サービス	健康診断、朝の会などでの健康観察 養護教諭による健康に関する授業	担任は、健康診断の結果や毎日の健康観察から、児童生徒の健康状況に目を配る。予防的な取り組みとして、養護教諭による健康に関する授業を計画する。
	二次的援助サービス	遅刻、保健室への通室が増えているなど、健康面で気になる点がある児童生徒の把握	健康面で気になる児童生徒について、養護教諭やＳＣなどと情報を共有し、早期対応の体制をととのえる。
	三次的援助サービス	登校渋り、不登校など、健康面での援助が必要な児童生徒の健康面に関する情報を幅広く集めて、健康状況や問題を把握	養護教諭、ＳＣが、個別に健康相談をする。学校と家庭との連携を図り、サポートをする。

文　献

今田里佳　2016　心理・社会面のアセスメント　石隈利紀・大野精一・小野瀬雅人・東原文子・松本真理子・山谷敬三郎・福沢周亮（責任編集）日本学校心理学会（編）　学校心理学ハンドブック［第2版］「チーム」学校の充実をめざして．教育出版

今西一仁　2016　進路面のアセスメント　石隈利紀ほか（責任編集）日本学校心理学会（編）学校心理学ハンドブック［第2版］「チーム」学校の充実をめざして．教育出版

石隈利紀　1999　学校心理学．誠信書房

石隈利紀　2000　学力検査　國分康孝（監修）スクールカウンセリング辞典．東京書籍

石隈利紀・山口豊一　2005　心理教育的援助サービスの内容　山口豊一（編著）石隈利紀（監

修）学校心理学が変える新しい生徒指導．学事出版

宮本友弘　2016　学習面のアセスメント　石隈利紀ほか（責任編集）日本学校心理学会（編）
　学校心理学ハンドブック［第2版］「チーム」学校の充実をめざして．教育出版

文部省　1990　学校における教育相談の考え方・進め方——中学校・高等学校編．

大野精一　1997　学校教育相談——理論家の試み．ほんの森出版

相樂直子　2016　健康面のアセスメント　石隈利紀ほか（責任編集）日本学校心理学会（編）
　学校心理学ハンドブック［第2版］「チーム」学校の充実をめざして．教育出版

山口豊一　2005　生徒指導の意義と課題　山口豊一（編著）石隈利紀（監修）　学校心理学
　が変える新しい生徒指導．学事出版

4　教育相談におけるチーム援助

——4種類のヘルパー

　学校における教育相談においては連携がカギを握る。学校心理学にもとづく心理教育的援助サービスは、チーム援助が基本となる。チーム援助の担い手には多様な援助者が必要とされ、援助者は次の4種類のヘルパーに整理できる（図1-5）。

専門的ヘルパー	・ＳＣ、ＳＳＷなど ・援助サービスが主な仕事 ・アセスメント、カウンセリング、コンサルテーション
複合的ヘルパー	・教師 ・仕事の一側面として援助サービスを行う ・教育相談係、養護教諭、特別支援教育担当など
役割的ヘルパー	・家族、保護者 ・援助サービスを人間関係上の役割として行う
ボランティア的ヘルパー	・友人、ボランティア ・仕事にも役割にも直接関係しないが、援助的に機能する人間関係

図1-5　4種類のヘルパー

4種類のヘルパー

(1) 専門的ヘルパー

　専門的ヘルパーとは、心理教育的援助サービスを主たる仕事として専門的に行う援助者である。教育相談で専門的ヘルパーとして期待される

18　　Ⅰ　学校心理学にもとづいた教育相談とは

のは、SC や SSW、教育支援センターや発達支援センターの相談員、発達障害などの支援を行っている巡回相談員などである。2017 年に公認心理師法が施行され、日本初の心理職の国家資格が誕生したことにより、心理分野における専門的ヘルパーによる援助サービスの質的な保証が期待される。

(2) 複合的ヘルパー

複合的ヘルパーとは、職業上の複数の役割のひとつあるいは一側面として心理教育的援助サービスを行う援助者である。教師は、指導と援助を関連させたかかわりをするため、複合的ヘルパーにあたる。教育相談担当教諭や特別支援教育担当教諭、養護教諭などの働きは、専門的ヘルパーに近い。

(3) 役割的ヘルパー

役割的ヘルパーとは、役割のひとつあるいは一側面として援助サービスを行う援助者で、子どもにとっては、保護者や家族である。保護者や家族の役割的ヘルパーとしての機能は、子どもとかかわる中での、援助活動の意識や能力がカギを握る。教育相談においては、保護者や家族が、子どもの課題や問題に対する援助の意識や援助スキルをもち、役割的ヘルパーとして援助することが大切である。

(4) ボランティア的ヘルパー

ボランティア的ヘルパーとは、職業上や家族としての役割とは直接的には関係なく、子どもや教師、保護者の援助的なかかわりを行う援助者である。例えば、学校の友だちは、子どもにとってのボランティア的ヘルパーである。また、保護者の子育ての悩みや不安、教師の児童生徒に対する指導上の悩みを聞いてくれる人がいれば、保護者や教師にとってのボランティア的ヘルパーになる。地域の住民、働き先の上司や同僚、スポーツクラブのコーチなど、子どもや保護者、教師の身近な人も、重要なヘルパーとなる。

第 1 章　学校心理学にもとづく教育相談の考え方

4種類のヘルパーとチーム援助

　現在学校では、児童生徒をチームで援助する重要性が叫ばれている。その背景には、児童生徒をとりまく地域社会が複雑化・多様化していることがある。そのため、児童生徒をさまざまな専門性や多様な立場からアセスメントして、援助することが必要になっている。

　「チーム学校」の実現が強く求められている今、4種類のヘルパーが連携協働して児童生徒のサポートにあたる必要がある。チーム学校とは、文部科学省（2015）のいう「チームとしての学校」で、多様な専門スタッフと連携・分担して、学校、家庭、地域が組織的に一丸となって連携・協働する体制を指す。チーム学校の中には、対象となる児童生徒の関係者がチームを組んで援助を行う、学校心理学でいう「チーム援助」も含まれる。

　なお、チームがうまく機能するかどうかは、連絡調整をつかさどるコーディネーターがカギを握る。コーディネーター及びチーム援助のすすめ方については、2章で述べる。

文　献

石隈利紀 1999　学校心理学——教師・スクールカウンセラー・保護者のチームによる心理教育的援助サービス．誠信書房

石隈利紀　2016　学校心理学の内容　日本学校心理学会（編）　学校心理ハンドブック（第2版）「チーム」学校の充実をめざして．教育出版

文部科学省　2015　チームとしての学校の在り方と今後の改善方策について（答申）．

COLUMN　公認心理師と教育相談

　2017年9月15日に公認心理師法が施行され、心理職初の国家資格が誕生した。公認心理師法では、公認心理師の4つの行為（業）が定義され、教育相談における例をあげると以下のようになる（石隈，2016）。

　①支援を要する者の心理状態を観察し、その結果を分析する。
　　例：児童生徒や環境に関するアセスメント
　②支援を要する者の心理に関する相談に応じ、指導及び援助を行う。
　　例：児童生徒へのカウンセリング
　③支援を要する者の関係者に対し、心理に関するその相談に応じ、指導及び援助を行う。
　　例：教職員、保護者へのコンサルテーション
　④心の健康に関する教育及び情報提供を行う。
　　例：児童生徒に対する予防開発的心理教育

　また、『公認心理師カリキュラム等検討会（報告書）』の「公認心理師に求められる役割、知識及び技術について」では、「教育分野においては、スクールカウンセラー（以下、SC）等として、幼児児童生徒、保護者及び教職員に対する相談・援助等を行うことにより、不登校、いじめ、暴力行為などの問題行動等の未然防止、早期発見、事後対応、発達障害を含む障害のある児童生徒等に対する心理検査や支援、学校への助言等の必要な対応等を行うことが求められる。また、幼児児童生徒、保護者及び教職員に対して、心の健康に関する教育及び情報提供を行う。（中略）さらに、組織全体への助言も行う。」と示されている（厚生労働省，2017）。

　このように、教育現場において公認心理師は、SCとして、アセスメント、カウンセリング、コンサルテーションと心理教育を通して、児童生徒への一次的、二次的、三次的援助サービスの一端を担う。

それぞれの段階におけるアセスメントと援助計画（表）においては、公認心理師の専門性として、心理検査や言語面接、助言、心理教育の知識と技術が求められる。さらに、発達障害の知識とその支援方法、グループアプローチの技法なども求められる。

また公認心理師は、教職員および保護者へのコンサルテーションや外部機関との連携の一翼を担い、教職員と協働してチーム学校の実現を目指すことが期待される。

表 3段階の援助サービスとアセスメント、援助計画

	アセスメント	援助計画
一次的援助サービス	子どもにとって開発が必要なスキルや予防すべき問題状況について把握する。	年間の教育計画や生徒指導の計画に援助サービスの計画を位置づける。
二次的援助サービス	配慮が必要な子どもと、その子どもの問題状況について把握する。	付加的な援助サービスの計画を立てる。
三次的援助サービス	特別の、個別の援助サービスの必要性について把握する。	個別の援助計画を作成する。

文　献

石隈利紀　2016　公認心理師．一般財団法人日本心理研修センター

厚生労働省　2017　公認心理師カリキュラム等検討会　報告書．

Ⅰ 学校心理学にもとづいた教育相談とは

第2章

学校心理学にもとづく教育相談のすすめ方
——チーム学校による対応

　文部科学省より「チームとしての学校の在り方と今後の改善方策について」（答申）（2015）が出され、専門性にもとづくチーム体制の構築、学校におけるマネジメントの充実、教職員一人ひとりが力を発揮できる環境の整備が答申された。また、SC、SSW などを学校の専門スタッフとして教職員定数に位置付けることが提案されている。

　SC がチーム学校の専門的知識やスキルをもつ専門家としての機能を発揮するためには、教職員や保護者との連携・協働を基盤とするチーム援助体制が必要となる。

　学校心理学において、心理教育的援助サービスの対象はすべての子どもであり、心理教育的援助サービスは教師、スクールカウンセラーなどからなる「チーム学校」が家庭・地域との連携で進める。

　本章では、チーム学校による教育相談のすすめ方を解説する。

1 組織的に教育相談を行う体制づくり

　教育相談では、教職員に加えて、さまざまな職種の専門家や、関係機関、地域と連携し、「チームとしての学校」で取り組むことが必要である。本節では、組織的な教育相談を推進するために重要となる組織体制について述べる。

「チームとしての学校」の必要性

　現在、わが国の学校現場をとりまく課題は複雑化・多様化している。学校現場で抱える課題として、いじめや不登校、暴力行為、特別な支援を必要としている児童生徒の増加などがある。しかし、わが国の教師は教科指導から生徒指導、部活動指導など幅広い業務を担っているため、これらの問題に十分対応しきれていない。教師の専門性だけでは対応が難しく苦慮していることに加え、十分な個別対応ができない、授業準備や教材研究等に十分な時間を割くことができないなどの実態がある。
　そのため、校長のリーダーシップのもと、児童生徒や地域の実態を踏まえ、教育目標の達成のために、教師と心理職をはじめとする多様な専門性をもつ専門家がそれぞれの専門性を活かして、連携、協働し、ひとつのチームとして取り組む体制を整備することが重要である。

学校現場における教育相談の体制づくり

　一般的な教育相談の体制は、生徒指導部の中に教育相談担当として位置づけられることが多い（図 2-1）。

24　　I　学校心理学にもとづいた教育相談とは

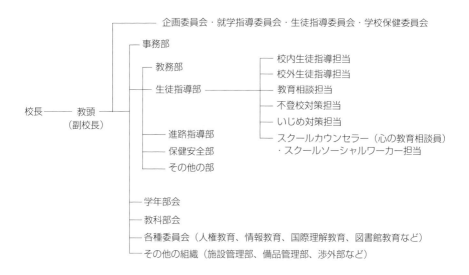

図 2-1 校務分掌の例（文部省，1981 より一部改変）

　教育相談の機能が発揮されるためには、学校が一体となって対応できる校内体制を構築し、整備することが必要であり、教育相談に対する教師一人ひとりの意識を高めていくことが重要である。

　教育相談に関する校内組織は、教育相談部として独立してもうけられるもの、生徒指導部や進路指導部、学習指導部、保健安全部などの中に教育相談係が組み込まれるもの、新たに特別支援教育の分掌組織の中に組み込まれるものなどさまざまだが、どのような組織がよいかは、学校種、学校の規模、職員構成、児童生徒の実態や地域性などを勘案してつくることが望ましい。

スクールカウンセラーの活用

　教育相談の体制づくりにおいては、平成7年より導入されたSCは大きく貢献している。一方、異職種、非常勤の心理職であるSCを受け入れることは、学校側に多くの戸惑いを引き起こしている。

SCの活用の仕方は、各学校の校内組織の在り方、校長をはじめとした教師の意識の差などにより異なり、都道府県、市町村及び学校によって大きな差がある。SCの役割が理解されていないことにより組織的な活用が十分になされていないケース、教育委員会においてSCの活用方法についてのビジョンや方針が明確でないケースもある。管理職やSCが異動すれば、白紙に近い状態からSCの活用方法、仕事の在り方を考えていかなければならない状況のケースもある。こうした状況を鑑みると、心理職の効果的な活用のビジョンや方針の確立は、喫緊の課題である。

　学校として、SCなどの心理職をより効果的に活用するために大切なこととして、以下の4点があげられる。

①SCの役割理解

　児童生徒や保護者の面接、教職員や保護者へのコンサルテーション、研究・研修、外部機関との連携など、SCの仕事、役割を教師が理解することがまずは重要である。理解不足は、教師が求めるべき援助をSCに求めることができなかったり、逆にSCの役割以上のものを求めてしまったりすることになり、学校の中で軋轢が生まれてしまう。

②具体的な要望伝達

　限りある来校頻度のSCに対し、優先順位をつけて要望を伝えたり、援助チームシート（p.35）を事前に記入して渡したりすることで、SCの専門性を十分に発揮できる。

③教育とカウンセリングの理解

　教師とSCの専門性の違いの相互理解が重要である。教師の行う「児童生徒をプラスの方向に導くための指導」とSCの行う「受容共感にもとづく児童生徒をありのまま受け入れる姿勢」は、時として反発しあい、教師とSCの間に溝ができることがある。教師によるSCの専門性、SCによる教師の専門性に対する共通理解・相互理解ができていることが大切である。

④SCの倫理規定

　教師によるSCの職業倫理への不理解の状況は、教師のSCに対する

不信感を募らせてしまうことが多い。守秘義務（情報共有をすべきものは開示し、個人の利益にかかわる秘密については開示しないなど）など、SC の職業倫理規定を教師に事前に示しておくことも重要である。

　SC の評価は、学校の受け入れ体制や教師の相談利用頻度と関連が強く、SC の受け入れ体制が整い、教師が活発に活用しようという学校ほど SC に対する評価は高い。SC の受け入れ体制が整えば、教師は SC に相談しやすく、SC の役割も発揮されやすい。チーム援助をすすめるうえで、SC の活用は欠かせない。
　また、心理職を効果的に活用し、チーム援助を促進するために、心理職活用尺度（表 2-1）を用い、校内の心理職活用の現状を適宜チェックすることは、学校の心理職活用システムの機能を精査する一助となる。心理職活用尺度は、①心理職の有用性、②心理職への評価、③心理職の活用体制について測定し、学校の現状を把握するものである。

表 2-1　心理職活用尺度（一部）(山口ら, 2015)

＜心理職の有用性＞	＜心理職への評価＞	＜心理職の活用体制＞
学校に心理職（SC・相談員）がいると相談しやすい	心理職（SC・相談員）は、子どもからの相談に十分対応している	管理職は、心理職（SC・相談員）と密にコミュニケーションをはかるようにしている
心理職（SC・相談員）がいると、いつでも相談できるという安心感がある	心理職（SC・相談員）は、保護者からの相談に十分対応している	心理職（SC・相談員）の活用方法が明確である
心理職（SC・相談員）の活動には期待している	心理職（SC・相談員）は、教員からの相談に十分対応している。	教員の教育相談研修に、心理職（SC・相談員）の協力が十分に得られている
心理職（SC・相談員）の視点は、児童生徒理解を深めるのに役立つ	心理職（SC・相談員）は、子どもたちの行動観察を十分にしている	管理職が、教育相談コーディネーターを積極的に育成している

教師の抱え込み傾向

　小学校は基本的に一人の学級担任が、受けもつ学級のほとんどの授業を担当し、生徒指導も受けもっている。そのため、教師が悩みを抱えたり、問題に直面するなど苦戦した場合に、自ら「助けて」「協力して」と言わない限り誰からも助けてもらえず孤立しやすい。

　また、小学校の学級担任は、学級内で起こった問題の原因をすべて自分の責任と考える抱え込み傾向が強い。さらに、「教師は人の援助を受けるべきではない」「自分の学級の児童は、担任の自分が全責任を負うべきである」「自分がいないと児童はダメになる」という3つの典型的な教師のイラショナル・ビリーフ（不合理な信念）をもちやすく、教師が他者に援助を求めることを阻害し、問題を抱え込み、児童も教師もつぶれるという悪循環を生んでいる。他の教師や管理職、SCなどに援助を求めることは、学級担任の自らの問題点を公にすると考えてしまうのである。

　学級担任による抱え込みを防ぎ、チーム学校として、教育相談をすすめるために、①教育相談の適応範囲の明確化、②相談できる雰囲気、③対応の適切さ、④皆で取り組む姿勢、⑤方針の共有化、⑥個人に頼らない恒常性、に留意したい。

　教育相談の学校体制を構築するうえで、教師の経験や年齢、立場、多忙な業務を考慮し、普段から教師同士、管理職、心理職などが協働できる風土やチーム援助を促進させる方略などを考えることが重要である。

　関連して、教師の被援助志向性を高めたい。被援助志向性とは、他者に援助を求める姿勢である。「管理職や同僚教師に援助や助言を求めてもよいのだ」と思えれば、学級担任の抱え込みは防げる。被援助志向性を高めるためには、教師一人ひとりが助けられ上手な教師を目指し、困っている教師や余裕のない教師を皆で助ける教師集団を構築することが重要である。

校長のリーダーシップ

　SC の活用など、教育相談の方針は、管理職の考え方に依拠するところが大きく、管理職の働きかけにより、教育相談体制が変化することは大いにある。管理職の役割の中でとくに重要なのは、教育相談担当の選出である。教育相談担当は、校内体制や外部の専門機関などとの連絡・調整にあたるコーディネーター役で、チーム援助をする際に重要な役割を果たし、教育相談に十分な識見と経験を有する教師を選出することが望ましい。養護教諭や特別支援教育コーディネーターが兼ねることもあり、それぞれの学校の実状による柔軟な対応が求められる。

　また、教育相談においてチーム援助を行う際には、管理職である校長がリーダーシップをとり、定期的かつ臨機応変な介入のシステムを構築することが重要である。教育相談に対する校内の共通理解も不可欠である。教育相談はすべての教員が行うもので、校長が教育相談の意義の共通理解を促し、そのための体制を整えたい。

文　献

石隈利紀・田村節子　2003　石隈・田村式援助シートによるチーム援助入門——学校心理学・実践編. 図書文化社

文部科学省　2007　児童生徒の教育相談の充実について——生き生きとした子どもを育てる相談体制づくり（報告）.

文部科学省　2010　生徒指導提要.

文部科学省　2015　チームとしての学校の在り方と今後の改善方策について（答申）.

文部省　1981　生徒指導の手引（改訂版）. p. 96

西山久子　2011　校長のリーダーシップとチーム援助. 児童心理, 65（3）, 54-60. 金子書房

関知重美・山口豊一　2018　被援助志向性及び心理職活用が小学校教員の「抱え込み」傾向に与える影響——教員の「抱え込み」傾向尺度小学生版の作成を中心として. 跡見学園女子大学文学部臨床心理学科紀要, 6, 33-47.

田村修一　2011　教師の被援助志向性とチーム援助——「助けられ上手」な教師になるために. 児童心理, 65（3）, 19-26. 金子書房

山口豊一・水野治久・本田真大・石隈利紀　2015　学校コミュニティにおける心理職活用システムの開発に関する研究. コミュニティ心理学研究, 19（1）, 77-93.

谷島弘仁　2011　教師へのコンサルテーション——何が望まれているのか. 児童心理, 65（3）, 73-84. 金子書房

2 学校で行うカウンセリング

──教師、SC、保護者で取り組むチーム援助

　「チーム学校」を実現していくためには、チーム援助システムが学校内で機能することが重要である。チーム援助を行うことにより、孤軍奮闘する学級担任の不安が軽減され、児童生徒を多角的に理解、援助することができる。教育相談の中でも、援助の必要な児童生徒に対する第三次的援助サービスにおいて、とりわけチーム援助で取り組むことが重要となる。

教師によるチーム援助

　チーム援助を行う際、チームの構成員となり得るのは、学級担任、生徒指導主事、教育相談主任、養護教諭、SC、保護者など、対象となる児童生徒にかかわる、または今後かかわる可能性のあるメンバーである。また、援助ニーズの程度によっては、相談機関や医療機関など専門機関との連携も求められる。一人の教師だけで援助を行うよりも、複数の援助者が関与することで、可能となる援助の幅も広がる。

　児童生徒の困難・危機に気づき、援助チームを発足させるには、2通りの方法がある。1つ目は、自然発生的につくられる援助チームで、その児童生徒の援助ニーズに応じて、関係するメンバーが集ってつくられるもの。2つ目は、システム化された援助チームである。例えば、欠席が5日以上続いた際に保護者と教師で話し合うようにするなど、学校でもうけられている決まりによって発足される援助チームである。

　発足されたチームによる援助は、主に、①アセスメント（児童生徒理解）、②計画立案、③計画の実行、④評価・点検、⑤見直し・フィードバッ

30 ｜ Ⅰ　学校心理学にもとづいた教育相談とは

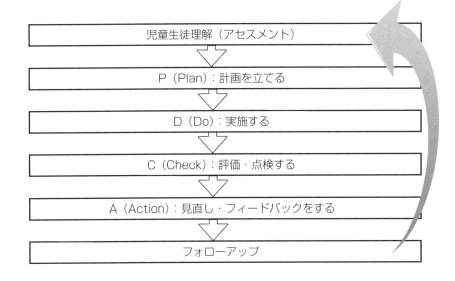

図 2-2　チーム援助の機能とプロセス（PDCA サイクル）

ク、⑥フォローアップの流れで進む。①アセスメントでは、児童生徒の困難の状況について情報を収集し、分析を行う。②計画立案では、アセスメントの内容をもとに、どのような援助計画が立てられるかを検討する。そして、決まった援助計画について実施し（③）、その結果どうなったかを確認し（④）、改善策を検討する（⑤）。それにより児童生徒の困難な状況が改善されていけばフォローアップ（⑥）に移行されるが、まだ課題が残る場合には、再度①のアセスメントから支援を行う（図2-2）。

　チーム援助というと、いじめや不登校といった三次的援助サービスが想像されるかもしれないが、一次的援助サービスや二次的援助サービスにおいても活用される。例えば、教育目標に向けた教育計画の立案などの一次的援助サービスを、複数のメンバーで相談しながら行うと、児童生徒の援助ニーズにより応じた計画が立てられるだろう。二次的援助サービスにおいても、三次的援助サービスが必要にならないよう早期に児童生徒の危機の兆候に気づき、対応するためには、複数の人の目と情報共有が求められる。

SC と教師によるチーム援助

　現在、SC は全国中学校への全校配置や小学校や高等学校への配置など、徐々に体制や頻度の増加が全国的に確立されてきている。現場の教師たちにとっては、SC の心理臨床に関する専門知識や技術への期待と要望は大きい。しかし、ほとんどの場合、SC は週に 1 回、月 2 回の非常勤職員として配置され、よりよいチーム援助を行うための SC の効果的な活用には工夫が必要である。

　SC の主な活動としては、以下の 3 点があげられる。

①児童生徒に関するアセスメント

　教師や保護者からの情報や、SC 自身が実際に観察やかかわりをもつ中で得られた情報をもとに、心理の立場から児童生徒についての見立てを行う。

②悩んでいる児童生徒のカウンセリング

　SC は、児童生徒の悩みについて、受容的に聴いて、解決方法を一緒に考えていく。注意や叱責はせず、ありのままを受けとめて話を聴くことが役割であるため、保護者や教師、友だちなどには話したことのない悩みや気持ちを、SC は児童生徒から聴くことがある。教師も、児童生徒の本音を受けとめる働きを SC に期待している。

③教師や保護者に対するコンサルテーション

　SC は、児童生徒の問題解決に向けて、教師や保護者が効果的に援助できるようにコンサルテーションを行う。そこでは、コンサルティ（教師や保護者等）の児童生徒への見立てや対応について、心理の専門家としての見立てや助言を伝える。なお、コンサルタントである SC は、コンサルティの専門性を尊重し、対等の立場でかかわることが重要である。

　SC は上記の活動の中で、心理の専門家としての役割を担い、チーム援助に貢献していくことが望まれる。

32　　I　学校心理学にもとづいた教育相談とは

保護者をパートナーとするチーム援助

　児童生徒を生まれた時から一番よく知っている保護者は、援助の必要な児童生徒にとって大きな支援者である。とくに、不登校傾向にある児童生徒の場合はより重要な支援者となる。家庭の様子を知ることで、学校では得られない情報を得られ、児童生徒を多面的にとらえられる。また、保護者との密なコミュニケーションにより、合意をとりながらの援助が可能で、学校との信頼関係が生まれ、スムーズなチーム援助が見込まれる。チーム会議に保護者が出席するとチーム援助も促進される。それぞれの立場であるからこそ知り得る情報や、考えられる援助方針についてすりあわせをすることで、足並みのそろった支援ができる。

　一方で、子育てへの自責や保護者自身が抱える問題が児童生徒への問題に影響していることも少なくない。教師は、保護者の話を丁寧に聴き、子育ての苦労や頑張りを労い、保護者だけで抱えるのではなく一緒に考えていきたいという姿勢で接する必要がある。保護者の心の安定は、児童生徒の心の安定と密接にかかわる。児童生徒のよい面に目が向くように、サポートしながら、児童生徒を支援するチームの一員としてお互いに尊重しあい、支えあいながら支援していくことが重要である。

文　献

石隈利紀・田村節子　2003　石隈・田村式援助シートによるチーム援助入門——学校心理学・実践編．図書文化社

伊藤美奈子　2008　学校で役に立つスクールカウンセラーとは．児童心理，62（6），2-11.

牧郁子　2011　学校の雰囲気と教師の協働——チーム援助の土台として．児童心理，65(3)，27-34．金子書房

嶋崎政男　2008　スクールカウンセラーを学校に迎える前にしておきたい10のこと．児童心理，62（6），44-50．金子書房

園田雅代・中釜洋子・沢崎俊之（編著）　2002　教師のためのアサーション．金子書房

田村修一　2011　教師の被援助志向性とチーム援助——「助けられ上手」な教師になるために．児童心理，65（3），19-26．金子書房

田村修一　2017　教師の援助要請．水野治久（監修）永井智・本田真大・飯田敏晴・木村真人（編）　援助要請と被援助志向性の心理学——困っていても助けを求められない人の理解と援助．金子書房

3 支援・援助につながるアセスメント
——援助シートの活用

　チーム学校で教育相談をすすめる校内組織をつくる際には、学校種、学校の規模、職員構成、児童生徒の実態や地域性などを勘案してつくることが望ましい。とはいえ、学校の状況や児童生徒の実態を、独自にかつ客観的にアセスメントすることは容易なことではない。そこで、実際の援助に役立つ方策として、援助シートの活用法を解説する。

援助チームシート

　教育相談が十分な効果を上げるためには、対象の児童生徒の現状やリソース（自助資源・援助資源）、目標などを明確にし、計画を立てることが重要である。計画をもとに、誰が、いつ、どのように支援を行うかを具体化することで役割分担ができ、臨機応変に対応ができる。

　援助チームシート（図 2-3）は、児童生徒に対するチーム援助で使用すると、その児童生徒の現状やリソース、発達段階に合った短期的・長期的な目標などが可視化され、より具体的、現実的で、実現可能な支援を即座に導入できる。

　援助チームシートにおいては、以下の 3 点に注目したい。
①個人の発達や学校生活（子どもの問題解決に役立つ自助資源に注目）
　・学習面、心理・社会面、進路面、健康面における状況
　・子どもの得意なこと・好きなこと
　・子どもにとって困難なことや悩んでいること
　・子どもの発達の様子や問題状況・危機状況の蓄積
　・援助ニーズと対応の状況

【石隈・田村式 援助チームシート】

実施日　：平成○年○月○日（　）○時○分～○時○分　第1回
次回予定：平成○年○月○日（　）○時○分～○時○分　第2回
出席者名：母親、担任、養護教諭、コーディネーター

苦戦していること（　教室には入れない。保健室登校である。　）

児童生徒名 2年1組1番 タマミ 担任氏名 渋田先生	学習面 （学習状況） （学習スタイル） （学力）　など	心理・社会面 （情緒面） （ストレス対処スタイル） （人間関係）　など	進路面 （得意なことや趣味） （将来の夢や計画） （進路希望）　など	健康面 （健康状況） （身体面での訴え） 　　　　　など
情報のまとめ （A）いいところ 子どもの自助資源, 環境の援助資源	・絵が好き（母、養） ・美術部に行ける時もある（母、養） ・成績は中くらい（担）	・おもいやりがあり真面目で几帳面（担） ・親や友達思い（養） ・優しい（母） ・Bさんとは仲がいい（母、養）	・高校進学希望（担） ・デザイナーになる夢をもっている（母、担、養）	・体格は普通で体力はある方（養） ・養護教諭とよく話す（養）
（B）気になるところ 援助が必要なところ	・勉強させたい（母） ・学習への意欲にむらがある（担） ・授業に出られない（担、養） ・テストを受けられない（担）	・教室には入れない（担） ・怠けに見える（母） ・自己主張しない（母） ・気を遣い気持ちを表面に出さない（担、養）	・デザイナーの夢を諦めかけている（学校を休んでいるため）（母、担、養）	・夜寝付きが悪い（養） ・気持ち悪さを訴えて学校を休む日が多い（母、養） ・食事が細い（母）
（C）してみたこと 今まで行った, 今行っている 援助とその結果	・学習は本人が気が向いた時に学年で見てあげた（担）	・母親との面接（担） ・本人の気持ちを尊重 ・保健室登校（担） ・登校日数が1Wに2～3日に増えた（担）	・職業に対する夢を聞き関心を引きだした（担、養）	・病院では「気持ち悪さは心因性」と言われた（母） ・話を聞くようにしている（養）
援助方針 （D）この時点での目標と援助方針	「この子にとって必要なこと、大事にしてほしいところ、配慮してほしいこと」等 ・タマミさんに受容的にかかわり、安心できる居場所を確保する ・タマミさんの情緒面を見ながら個別学習を進める			
援助案 （E）これからの援助で何を行うか	①個別学習についてタマミさんと話をする →個別学習に対するタマミさんの気持ちを確認する ②プリントや問題集で自習させる	①タマミさんに家族関係を訊く ②タマミさんの訴えをよく聴き受容的にかかわる →保健室・相談室・家庭が安心できる居場所となるように	①個別学習で学習面の遅れを取り戻すことで進路に希望を改めて持たせる	①身体症状を観察する ②食事摂取量と体重変化を注意深く観察する →保護者・タマミさん自身の気持ちを確認し慎重に進める
（F）誰が行うか	①担任・スクールカウンセラー ②養護教諭	①スクールカウンセラー ②養護教諭・母親（家族）	①担任・養護教諭	①担任・養護教諭 ②養護教諭・母親（家族）
（G）いつからいつまで行うか	・タマミさんの意欲があるとき ・教室登校ができるまで	・タマミさんの状態が安定するまで	・実際の進路が決定するまで	・教室登校ができるまで

参考：石隈利紀『学校心理学－教師・スクールカウンセラー・保護者のチームによる心理教育的援助サービス』誠信書房、1999　©Ishikuma & Tamura 1997-2003

図2-3　援助チームシートの記入例（石隈・田村，2018より作成）

田村・石隈式【援助資源チェックシート】
(1997〜2003)

記入日　　年　　月　　日

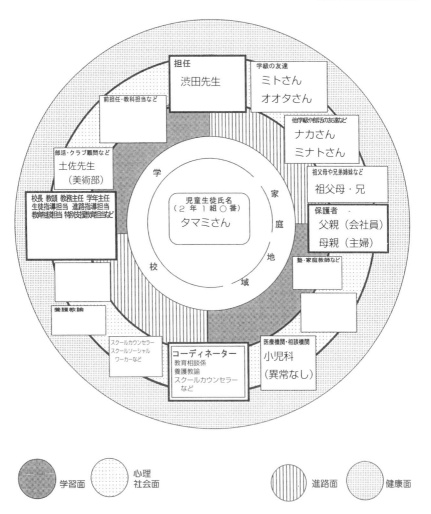

参考：石隈利紀・田村節子共著『石隈・田村式援助シートによるチーム援助入門―学校心理学・実践編―』図書文化
石隈利紀著『学校心理学―教師・スクールカウンセラー・保護者のチームによる心理教育的援助サービス―』誠信書房
©Ishikuma & Tamura 1997-2003

図2-4 援助資源チェックシートの記入例（石隈・田村，2018より作成）

36　I　学校心理学にもとづいた教育相談とは

②子どもの環境（子どもの援助資源に注目）
　・学級・学校の状況（人間関係など）
　・家庭の状況（家族の様子、子どもの問題のとらえ方、援助資源など）
　・地域の状況（地域の様子、文化、援助資源）
③子どもと環境の相互作用
　・子どもの発達状況・行動様式と環境からの要請行動のマッチング
　・子どもと場（環境）の折り合い（人間関係、楽しさ、行動の意味）

援助資源チェックシート

　援助資源チェックシートは、援助の対象である児童生徒を中心に、学校・家庭・地域で援助にかかわる人物について書き込むことができる。援助資源とは、子どもの課題への取り組みや問題解決に援助的な機能をもつ人的資源や物的資源である。教師や友人は学校内の援助資源であり、教育相談所のカウンセラーや祖父母は地域の援助資源にあたる。各欄は、円の背景である学習面、心理・社会面、進路面、健康面の援助とのかかわりで配置され、児童生徒の援助資源を確認しやすくするシートである（図 2-4）。

文　献

一般財団法人日本心理研修センター　2018　公認心理師現任者講習会テキスト 2018 年版.
石隈利紀　1999　学校心理学. 誠信書房
石隈利紀・田村節子　2018　新版 石隈・田村式援助シートによるチーム援助入門──学校心理学・実践編. 図書文化社
岩田三保・大芦治・鎌倉雅彦・中澤潤・蘭千壽・三浦香苗　2009　現職教師が教育現場で現在直面している問題とスクール・カウンセラーに対するニーズに関する調査報告. 千葉大学教育学部研究紀要, 57, 103-107.
近藤邦夫　1994　教師と子どもの関係づくり──学校の臨床学. 東京大学出版会
文部科学省　2010　生徒指導提要.
田上不二夫　1999　実践スクールカウンセリング. 金子書房
山口豊一・水野治久・本田真大・石隈利紀　2015　学校コミュニティにおける心理職活用システムの開発に関する研究. 日本コミュニティ心理学研究, 19, 77-93.

4　教育相談における援助の心がまえ

　教育相談で必要とされる教師の資質として、人間的な温かみや受容的態度が成熟しているなどの人格的な資質と、実践に裏付けされたアセスメントやコーピングに関する知識と技術の両面が大切である。教員研修などで、教育相談の事例検討会や教育相談に活かせる演習を取り入れ、教師の教育相談の態度や技法の理解を深めることも重要である。

　以下、教育相談の態度や技法について解説する。

共感的に理解する

　自分の感情を表現し、それを共感的に理解してもらい、自分を受け入れてもらう体験をすると、自分の感情を自由に表現できるようになる。「共感的理解」とは、来談者中心療法を確立したC・ロジャースが示したカウンセラーの基本的態度のひとつである。カウンセラーの主体性を失うことなく、相手の人の感じ方や考え方（内部的照合枠）でその人の身になってできるだけ正確に理解し、その理解したことを正確に伝えることだ。クライエントの喜びや悲しみをクライエントが感じるように感じ、クライエントの怒りや恐怖や混乱を、あたかも自分の感情であるかのように感じることである。大切なことは、言葉や話の内容ではなく、その底を流れるクライエントの感情である。

　学校心理学では、「カウンセリングにおける三種類のかかわり」のひとつとして、「理解者になる」ことがあげられ、子どもの世界に入り、子どもの世界を子どもの枠組みで見ようとする態度のことを指す。「理解者になる」は「共感的理解」であるといえる。

38　I　学校心理学にもとづいた教育相談とは

子どもの感情を受けとめる

　心理面接において、クライエントが子どもの場合、言語を媒介としたカウンセリングが難しいため、遊びを媒介としたプレイセラピーを行うことも多い。プレイセラピーの中で、子どもはカウンセラーなどの担当者に向けてさまざまな感情を表明し、担当者に映った自分の姿（担当者から反映される自己像）によって己を知る。また、担当者との新たな安定したよい関係を経験することにより、適度な人間関係のもち方を学習していくと考えられ、担当者は子どもの心を映す鏡の役割をしている。

　子どもの感じていることをSCなどの大人が的確に受けとめることで、子どもは大人との関係に安心感を抱き、さまざまな感情を表出することができる。そして、その感情を大人が受けとめ、子どもに返すことで、子どもは自己理解を深めることができるのである。

　子どもの感情を的確に受けとめる際に、気をつけたいことをあげる。

(1) じっくりとかかわる姿勢を示す

　子どもから一生懸命話しかけているのに、返事だけ適当にして、手は作業を止めず、体の向きは子どもに向けられていない、という状況は、親と子ども、教師と子どものやりとりでよくみられる光景である。一生懸命話しかけている子どもは、「話を聴いてくれてない」「もう話すのはやめよう」と思うはずである。「話を聴いてくれない人と話はしない」と拒否的になってしまう子どももいるかもしれない。このようなやりとりでは、子どもの世界や感情を的確に理解することはできない。子どもと話をする時に「ちゃんと聴いているよ」というメッセージを姿勢で示すことが大切である。

(2) 子どもからの非言語的メッセージを読みとる

　子どもにとって、言葉で自分の感情を表現することは難しい。大人は、表情の変化などの言葉でない子どもたちの非言語的メッセージからもさ

第2章　学校心理学にもとづく教育相談のすすめ方——チーム学校による対応

まざまな感情を読みとる努力をしなければならない。絵を描くこともひとつのメッセージである。ただし、どのような非言語的メッセージがどのような意味をもつのかは、子どもによってそれぞれである。普段からかかわりを大切にして、少しの変化に気づき、一人ひとりの意味を理解できるように心がけたい。

(3) 子どもの目線で理解する

　子どもの私的世界を理解し、感情を受けとめるには、あたかも自分自身の世界のように体験すること、共感的に理解することが大切である。子どもと世界を共有できる感性をもつことで、子ども目線で子どもの話を聴くことができ、子どもと共に活動することを通して、子どもたちが何を楽しいと感じ、何に腹を立て、何を求めているかを、実感として体で受けとめていくことができる。大人の目線からだと気づかないことや理解できないことでも、子どもの目線で物事をとらえ直すと、理解できることもある。

大人の感情を子どもに伝える

　子どもが大人の感情をどのように受けとめるのかを踏まえた、大人の感情を子どもに伝える方法を述べる。

(1) 大人の非言語的メッセージ

　人間関係の基盤となるものは、母子関係である。不確定な事態において、子どもは養育者がその事態をどのように評価しているのかを真っ先に知ろうとする。大人の感情や発信するメッセージは、子どもにとって重要な判断基準のひとつになる。子どもとの信頼関係が成り立っている場合、子どもは大人の非言語的メッセージを的確に受け取り、「やっていいこと」「やってはいけないこと」を自ら選択する。

　そこで大人が気をつけなければいけないことは、メッセージを送る側が実際に感じている感情と表現するメッセージとが一致していること

I　学校心理学にもとづいた教育相談とは

だ。一致していないと、メッセージを受け取る側は混乱してしまう。子どもにかかわる大人は、自らの感情と非言語的、言語的メッセージについて理解を深めておくことが大切である。

(2) 「わたし」を主語にしたメッセージ

トマス・ゴードンは、親業訓練の中で、「わたしメッセージ」の活用を重視している。「わたしメッセージ」とは、「今、あなたと遊べて、わたしはとても楽しい」「○○があって、わたしはとても悲しい」など、「わたし」を主語にして感情を言葉で表現することである。わたしメッセージをすると、子どもは「先生はこういうふうに感じているんだ」「お母さんはこんなこと思ってるんだ」と受けとめることができる。また、周囲の大人の感情を感じとることで、共感性が養われる。

大人と子どもは普段感じていることや、見ている側面が違うこともあり、同じ感情を共有するということが難しい。大人が子どもにかかわる時には、子どもの世界を共に体験し、感情を受けとめるように努力することが必要になる。子どもは、大人の感情を敏感に感じとりながら、他者の感情を感じとるスキルを獲得している。

大人と子どもの感情交流は、信頼関係のもとにできる。子どもの感情をしっかりと受けとめ、安心感をもたせることが大切である。

文 献

飽田典子　1999　遊戯法――子どもの心理臨床入門．新曜社

石隈利紀　1999　学校心理学――教師・スクールカウンセラー・保護者のチームによる心理教育的援助サービス．誠信書房

丹明彦　2007　子どもにかかわるときの話の聴き方．児童心理，61（18），82-86．金子書房

Thomas Gordon　1970　*P.E.T.: Parent Effectiveness Training.*（近藤千恵（訳）1980　親業（おやぎょう）新版．サイマル出版会）

臼井博　1990　第五章　乳幼児の家族関係　無藤隆・高橋惠子・田島信元（編）　発達心理学入門Ｉ――乳児・幼児・児童．東京大学出版会

山口豊一　2008　カントに学ぶ教育・臨床の人間学．図書文化社

山口豊一　2009　大人と子どもの感情交流を深める――共に感じる体験の大切さ．児童心理，63（7），593-598．金子書房

5　学校外の専門家と連携するチーム援助

　「チーム学校」で教育相談をすすめるためには、保健・医療、司法・矯正、福祉、教育との連携が重要である。それぞれの分野の役割とチーム援助を行ううえでの留意点を解説する。

「保健・医療」と連携するチーム援助

　文部科学省（2012）の調査によると、特別支援教育を受けている者は全体の 2.5％、通常の学級に在籍する小・中学生のうち発達障害の可能性のある特別な教育的支援が必要な子どもは全体の 6.5％ いる。そのような状況の中で特別支援教育に関する専門性を求める声は多い。とくに小学生は、心と体の未分化な発達段階にあり、発達障害の特性による不適応状況などからくる心の不調でも、身体的な不調を訴える児童もいるので、適切で早期のアセスメントが求められる。また、幻覚や妄想などがみられる統合失調症や特定の対象や状況に対して強い恐怖を感じる対人恐怖症などの病理が介在し、二次障害として不登校などが起こっている場合もある。このような状況においては、医療機関につなぎ、医療機関と学校が連携し、チーム援助を行うことが重要である。

　連携先としては、病院の精神科、精神科クリニック、心療内科、保健所、精神保健福祉センターなどがある。学校では、日々の児童生徒の特徴や状況の観察、異変に早期に気づくことのできる体制が重要であり、学校での日常の様子を的確なタイミングで医療機関と連携することで、適切なアセスメントと対応（治療）が可能になる。医療機関との連携は、学校や家庭における児童生徒への援助方法を考える一助にもなる。

I　学校心理学にもとづいた教育相談とは

「司法・矯正」と連携するチーム援助

　警察庁の 2017 年の調査によると、非行少年などの検挙・補導件数は、総じて減少傾向にあるが、性犯罪は増加傾向である。また、インターネットの広まりなどにより犯罪は多様化している。

　教育相談における司法・矯正関係の連携先としては少年補導センターがある。都道府県、市町村で設置され、街頭補導や環境浄化活動や青少年に関する相談を電話や面接で少年相談担当者が応じている。都道府県での非行防止活動は、都道府県警察本部（少年サポートセンター）などが担っている。少年サポートセンターの業務は、非行少年、不良行為少年の発見や補導、要保護少年の発見や保護・通告などで、相談業務は、非行防止、犯罪などの被害からの保護、少年の健全育成などである。

　最近では、学校内でのいじめや自殺などにおいて、学校としての管理責任の有無を法的責任から訴えられるケースもあり、日常的に自治体の顧問弁護士への相談も必要である。

「福祉」と連携するチーム援助

　SSW（スクールソーシャルワーカー）は、社会福祉の専門的な知識、技能を活用し、問題を抱えた児童生徒をとりまく環境に働きかけ、家庭、学校、地域の関係機関をつなぎ、児童生徒の悩みや抱えている問題の解決に向けて支援する専門家である。市区町村の教育センターなどを拠点に、各小学校へ派遣されている。学校側からは、SC と同様に外部からきた専門家とみられることも多く、SSW の専門性や役割の理解はあまり浸透していないように感じられる。

　SSW の業務は、主に、①問題を抱える児童生徒がおかれた環境への働きかけ、②関係機関（児童相談所、児童福祉施設、福祉事務所など）とのネットワークの構築・連携・調整、③学校内におけるチーム体制の構築・支援、④保護者、教職員に対する支援・相談・情報提供、⑤教職

員への研修活動などである（文部科学省，2017）。

　近年、児童虐待の認知件数が急増している。学校には、児童虐待の通告義務があり、児童虐待の防止のために適切な対応を図る必要がある。普段から、SSW などの地域の福祉の専門家と連携をとり、児童生徒のことを相談できる関係を築くことが重要である。

「教育」と連携するチーム援助

　児童生徒が不登校に陥ってしまった時に三次的援助サービスの一環として、適応指導教室などを利用することがある。適応指導教室とは、教育支援センターの組織内にあることが多く、長期欠席をしている児童生徒を対象に、学籍のある学校とは別に、学習の援助をしながら本籍校へ復帰することを目的にしている教室である。本籍校に復帰するためには、適応指導教室との連携は欠かせない。本籍校とは離れた場所で、学校に行けなくなった要因やどのような状況なら足が向くかなどを探りつつ、復帰のタイミングを見計らうことが重要である。本籍校では、児童生徒が戻れるよう環境調整を行う必要がある。不登校を問題としてとらえるのではなく、社会的自立に向けた援助をするという視点が求められる。また、すべての都道府県及び政令指定都市には、教育センターが設置されており、大部分で教育相談室などの教育相談機能を備えているので、必要に応じて活用したい。

校外の主なネットワーク

　児童生徒の援助に役立つ学校外の主な専門機関とその役割を表 2-2 に示す。三次的援助サービスでは、学校外の他機関との連携が必要になることがある（図 2-5）。ネットワーク型援助チームでは、学校内での情報や援助資源のコーディネーションを行う機能と、学校外での援助も含めた地域でのコーディネーションを行う機能の 2 つが必要である。問題が起きてからネットワークをつくるのではなく、教育相談の体制づくり

表 2-2　校外のネットワーク（山口，2005；文部科学省，2010 を参考に作成）

	相談機関	相談の内容等
教育	都道府県や市町村の教育研究所・教育相談所	教育委員会が管轄している施設である。教育相談事業を行っており、不登校、いじめ、障害、家庭生活など、子どもの教育に関連するさまざまな問題に関して、子ども、保護者、学校を援助する。 　教育相談の研修にも携わり、学校と有機的に連携しやすい立場にあるなどの特徴をもっている。
	教育支援センター（適応指導教室）	地方自治体の教育委員会により設置されている。学校と連携しながら、不登校児童生徒の学校復帰への支援を行っている。 　子どもの学習面、心理・社会面、進路面、健康面における援助サービスが期待される。
福祉	児童相談所	児童福祉法に基づき設置されている。保護者・教師・警察官などの通告や相談に基づき、18歳未満の子どもに関する福祉上の援助（養護相談、育成相談、非行相談、障害相談等）を行っている。具体的には、通告や相談について、その子ども及びその過程に必要な調査、並びに医学的、心理学的、教育学的、社会学的及び精神保健上の判定を行い、必要な指導を行う機関である。 　また、行動観察や緊急保護のために一時保護の制度もある。
司法	少年鑑別所	少年非行の科学的な鑑別を行う法務省管轄の施設である。家庭裁判所や少年院、保護観察所等と協力して彼らの更生を目指して活動している。 　非行問題に精通した心理学や精神医学、教育学の専門家が配置され、心理検査やカウンセリングを行っている。学校の教師や保護者からの相談を受け、継続指導も行っている。
医療	保健センター	市町村の保健施設で、住民の健康問題に関するサービスを提供している。子育てに関する悩み相談もそのひとつである。 　子どもの発育・発達の心配や育児上の悩みなどの相談に応じてくれる。保健師が対応している。
	思春期外来／精神科	思春期に起こりがちな心身の問題や、神経症や精神疾患の可能性のある行動など、教育関係者だけでは対応が困難な問題について相談・予防・治療を行う。
	心療内科	ストレスなど心理的な要因によって身体に症状が出ている心身症などに関して、心身に対する相談・予防・治療を行う。

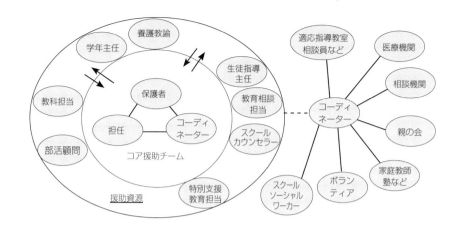

図 2-5 ネットワーク型援助チームの例（石隈・田村，2018）

の一環として、校外の専門機関と連携できる体制を構築したい。そのため、コーディネーターは日ごろからネットワーク構築を心がけておくことも役割のひとつである。

文　献
石隈利紀・田村節子　2018　新版 石隈・田村式援助シートによる　チーム援助入門――学校心理学・実践編．図書文化社
警察庁生活安全局少年課　2017　少年の補導及び保護の概況．
文部科学省　2010　生徒指導提要．
文部科学省　2012　平成 24 年度通級による指導実施状況調査結果．http://www.mext.go.jp/a_menu/shotou/tokubetu/material/__icsFiles/afieldfile/2013/05/14/1334907.pdf（2018 年 7 月 24 日閲覧）
文部科学省　2016　不登校児童生徒への支援に関する最終報告――一人一人の多様な課題に対応した切れ目のない組織的な支援の推進．
文部科学省　2017　スクールソーシャルワーカー活用事業実施要項．
山口豊一　2005　チーム援助の実践に向けて．石隈利紀・山口豊一・田村節子（編）　チーム援助で子どもとのかかわりが変わる――学校心理学にもとづく実践事例集．ほんの森出版

COLUMN　スクールカウンセラーの役割

　スクールカウンセラー（以下、SC）は、教育相談において、欠かせない存在である。いじめや不登校児童生徒の増加など、児童生徒の心の在り様や、さまざまな問題が生じていることを背景として、児童生徒や保護者の抱える悩みを受け止め、学校におけるカウンセリング機能の充実を図るため、1995 年度（平成 7 年度）から、心の専門家として臨床心理士などが SC として全国に配置されている。平成 26 年度の SC 配置状況は、小学校 11,695 校、中学校 8,451 校、高等学校 1,623 校となっている（文部科学省,2018a）。

　SC の採用については、①公認心理師、②臨床心理士、③精神科医、④児童生徒の心理に関して高度に専門的な知識及び経験を有し、学校教育法第 1 条に規定する大学の学長、副学長、学部長、教授、准教授、講師（常時勤務をする者に限る）又は助教の職にある者又はあった者、⑤都道府県又は指定都市が上記の各者と同等以上の知識及び経験を有すると認めた者のうち、都道府県又は指定都市が選考し、SC として認めた者とする、とされ、公認心理師が先頭に位置付けられた（文部科学省,2018b）。

　ところで、SC の業務は、児童生徒に対する相談のほか、保護者及び教職員に対する相談、教職員等への研修、事件・事故等の緊急対応における被害児童生徒の心のケアなど、ますます多岐にわたっており、学校の教育相談体制に大きな役割を果たしている。

　SC は、その最も中心的な業務として面接（相談面接）を行う。相談面接にはカウンセリングとコンサルテーションがある。面接の形態としては、1 対 1 の個別面接から 1 対多の面接、多対多の面接などさまざまなものがありうるが、特にコンサルテーションや協議では複数の相手と面接する場合も多いので、そのような形態にも慣れておかねばならない。

　さらに、スクールという臨床の最前線に位置していることを受けて、

SCには相談面接だけではなく、その他の多くの業務も求められている。2015年（平成27年）に、文部科学省より「チーム学校としての学校の在り方と今後の改善方策について（答申）」が出され、SCやスクールソーシャルワーカー（以下、SSW）などを校内に有機的に機能するよう位置付け、教員との連携や分担にも留意するとされている。

　児童生徒や校内での連携だけでなく、必要に応じて保護者や他の専門機関との連携をとって支援することが求められる。

　SCの実際の活動は、多岐にわたっている。前述のように児童生徒のカウンセリング、保護者や教員へのコンサルテーションなどが主な活動であるが、教室を見て気になる子を見つけ、その対応について担任と協議したりすることもある。また、特別支援校内委員会に出席して、心理の専門家として意見を述べることもある。さらに、行事の進め方等について意見を求められて発言したり、担任や教育相談担当と相談のうえ、不登校生徒の家庭訪問を行ったりすることもある。中学校のSCは、勤務している校区の小学校の児童の様子を見に行き、気になる子への対応について助言することや、保護者や教員からの相談を受けることもある。そうすることによって小・中学校の継続的な支援が可能になり、その際は、綿密な連携が必要になってくる。なお、活動は、配置された学校の実態に応じてかなり違ってくるようである。

　2017年9月15日に公認心理師法が施行され、教育分野における活躍がますます期待されている。実際には、SCやSSWとして学校臨床にかかわることになる。

文　献

文部科学省　2018a　文部科学省提出資料. https://www.npa.go.jp/hanzaihigai/sakutei-suisin/kaigi23/pdf/s7-1.pdf（2018年8月27日閲覧）

文部科学省　2018b　スクールカウンセラー等活用事業実施要領（一部改訂）. http://www.mext.go.jp/a_menu/shotou/seitoshidou/1341500.htm（2018年8月27日閲覧）

Ⅱ 支援・援助に結びつく児童生徒の理解

第3章

子どもの発達段階と
発達促進的働きかけ

第3章では、児童生徒を多面的に理解し、支援・援助を組み立てるうえで有用と考えられる発達心理学に関連する知見を整理する。

教育相談では、児童生徒の発達段階に応じた理解と対応が求められる。子どもの成長過程においては、個人差はあるものの、多くの子どもに共通してみられる発達段階ごとの特徴がある。それぞれの発達段階には発達課題があり、順調に獲得することが期待される。しかし、なんらかの理由でつまずき、発達課題の獲得がみられない時、それ以降の発達にネガティブな影響を及ぼす可能性がありうる。

児童生徒の困難への支援・援助を考える時には、発達課題のつまずきに配慮した支援の工夫が有効である。児童生徒に生じている困難の発達心理学的な背景、つまずきをアセスメントし、発達促進的働きかけを工夫する手立てが支援・援助に結びつく。

1 乳幼児期

——アタッチメント・安全基地と探索・社会的参照

　乳幼児期は、母親など特定の大人との間に、愛着関係を形成する時期である。乳幼児は、愛情にもとづく情緒的な絆による安心感や信頼感の中ではぐくまれながら、興味・関心の対象を広げていく。

　E・H・エリクソンは、乳児期の発達課題として基本的信頼感をあげ、幼児期前期は自律性、幼児期後期には積極性（自発性）をあげている。

　生まれたばかりの人間の赤ちゃんは、ほかの動物の赤ちゃんのように、自分で移動することも、おっぱいを飲むこともできない。多くの場合、養育者（主に母親）が、赤ちゃんのそばにいつもいて、おしめを替えたり、抱き上げたり、おっぱいをあげたり、世話をする。しかし、赤ちゃんはまったくの受け身で何もしていないわけではなく、さまざまな能力によって、養育者から養育行動を引き出しているといわれる。養育者は、赤ちゃんの発するシグナルに応答して働きかけ、やりとり（母子交互作用）が繰り返されることによって、赤ちゃんと養育者との間に精神的な結びつき（アタッチメント・愛着・心の絆）が形成されていく。この時期に獲得された精神的な結びつきを、子どもがどのくらい安定している、信頼できると感じることができるかが、その後、子どもがどのように外界を受けとめるか、人とかかわるかに影響を及ぼす。

ボウルビーの愛着理論

　J・ボウルビーは、人の赤ちゃんが親になつくのは、飢えや渇きを満たしてくれるからではなく、特定の対象との「くっついた状態」をつくり、保とうとする行動パターンが生得的に備わっているからだと考えた。

50 ┃ Ⅱ　支援・援助に結びつく児童生徒の理解

また、赤ちゃんの母親（養育者）に対する愛着行動を、発信行動（泣く、微笑む、発声するなど）、定位行動（注視する、後追いする、接近するなど）、能動的身体接触行動（よじ登る、抱きつく、しがみつくなど）に分け、愛着行動の発達を次の4段階とした。

①第1段階（生後8週から12週ころまで）

　赤ちゃんは、母親とそれ以外の人をまだ区別していない。母親以外の対象に対しても追視、手を伸ばす（リーチング）などの定位行動で働きかけ、微笑む、発声する、喃語を発するなどの発信行動を向ける。泣いている時には、母親以外の人でも、人の顔、声などを知覚することによって、泣きやむ。

②第2段階（生後12週から6か月ころまで）

　赤ちゃんは、母親を中心とする数人の人の顔や声を見分けることができる。特定の人物に対して、追視、リーチング、微笑み、発声、喃語などの愛着行動を向ける。

③第3段階（6か月から2、3歳ころまで）

　運動能力が高まり、ハイハイ、歩行による移動が可能になる。母親の後を追い、抱きつくなど、自ら近づくことができるようになる。母親や家族以外の見知らぬ人に対しては泣いたり、怖がったり、逃げ出したり、人見知りの反応を示すようになる。母親との相互作用が安定したものになると、母親を安全基地として、母親のそばを離れて探索行動をする。一方、何か不安なことがあると、母親にしがみつくなどの愛着行動を向け、母親がどこかに移動しようとすると不安を示す（分離不安）。

④第4段階（3歳以降）

　安定した母子相互作用が維持され、徐々に子どもは、少しの時間であれば、母親にずっとくっついていなくても安定していられるようになる。「しばらくはいなくても、必ず戻ってくる」「何かあったら助けてもらえる」という主観的確信がしっかりする。他者の感情、動機、意図などの存在に気づき、協調的な相互作用（思いやり、いたわりなど）が可能となる。やがて、養育者に対する信頼は、内在化し（表象モデル）、安心感のもととなり、母親や家族以外の人との相互作用も可能になる。

安全基地と探索、社会的参照

　子どもが母親（養育者）から少し離れた時に、母親がいなくなり、子どもが不安を感じて声を出したりしても、母親が見当たらず、反応もないような状況がたびたび起こると、アタッチメント（愛着・心の絆）の形成が順調でなくなる。そして、子どもは「一瞬でも気を許すと世界は不安でいっぱいだ」と認識し、とりまく世界への不安、不信が生じ、健全な探索行動が起きにくくなり、外界とのやりとりも不安定になる。

　また、子どもは、探索行動の過程で、見たこともない場所、触ったことのないもの、予期せぬ動きをするものなど、さまざまな状況に遭遇する。そのような時、はじめは一目散に母親のところに戻り、くっついて、安心を取り戻そうとするが、安全基地への信頼が安定してくると、その場に立ち止まって、母親のほうに振り向き、「安全・非安全」「大丈夫・危ない」についての情報を得ようとする。一般的に母親は、子どもが危険に遭遇しそうな時、大きく目を見開き、怖い顔をして、顔を横にふり「ダメダメ」と叫ぶ。何でもなさそうな時は、にっこり微笑み、うなずき、「大丈夫よ」と声をかける。子どもは、このような母親の表情、声の調子などから「安全・非安全」を判断し、安全と判断したら探索を続け、非安全と判断したら前進をやめたり、母親のところに戻ったりする。母親の表情、声などを情報として、自らの行動を進めたり、止めたりする制御（go, not go）を繰り返すのである。これは「社会的参照」と呼ばれ、母親が子どもの行動をコントロールしたり、子ども自身が自らの行動を制御するうえで大切な機能を果たす。

　また、探索行動が発展し、さまざまな経験が積まれ、今までできなかったことができるようになる時も、子どもは母親の方を振り返り、社会的参照を行う。「これは危険かもしれない」「乗り越えるのは難しいかもしれない」と迷った時、母親の表情やまなざしから「大丈夫」「やってごらん」を読みとると、果敢に挑戦する。そして、うまく乗り越えることができると、再び得意そうに母親を振り返り、母親の表情やまなざしか

ら「よく頑張った」「よくできたね」を読みとると、子どもは誇らしげに次の難関へと挑戦しようとする。「これができると、やったね！と思ってもらえるかもしれない」ことができた時も、母親の方を振り返り、社会的参照を行う。そこで、表情やまなざしから「称賛」「びっくり」を感じとることができると、「やったほうがよいこと」「喜んでもらえること」を進んで実行するようになっていく。

このような繰り返しは、行動制御の大切な基盤となる。

子どもに向けられる大人のまなざしの重要性

教育相談において、児童生徒のアタッチメント（愛着・心の絆）の不安定さがみられた場合、子どもからのサインに応答し、安全基地が確保されること、安全基地を基盤として生じる探索行動を見守り、まなざしを向けて、「安全・非安全」「好ましい・好ましくない」の情報を伝え、安全を確保し、かつ子どもの頑張り、挑戦を見守ることが発達促進的かかわりとなる。

近年、子どもをとりまく大人は多忙であり、スマートフォンの普及などもあいまって、子どもに向けられるまなざしが減少しているように見受けられる。再度、「まなざしの力」を見直し、子どもたちに温かいまなざしを注ぎ続けたい。

文　献

Bowlby, J.　1969　*Attachment and loss. Vol.1　Attachment.* Basic Books.

E. H. エリクソン（著）　西平直・中島由恵（訳）　2011　アイデンティティとライフサイクル. 誠信書房（Ericson,E.H.　1959　*Identity and the Lifecycle.* International Universities Press.）

J. ヴォークレール（著）明和政子（監訳）鈴木光太郎（訳）　2012　乳幼児の発達——運動・知覚・認知. 新曜社　(Jacques Vauclair　2004　*Développmennt du jeune enfant:motricité,perception, cognition.* Éditions Belin,Paris,)

子どもの徳育に関する懇談会　3. 子どもの発達段階ごとの特徴と重視すべき課題. 子どもの徳育に関する懇談会「審議の概要」（案）　平成 21 年 7 月
http://www.mext.go.jp/b_menu/shingi/chousa/shotou/053/shiryo/attach/1282789.htm
（2018 年 8 月 1 日閲覧）

2 児童期

——意欲・動機づけ

　児童期は小学校期にあたり、小学校入学とともに、子どもの生活は大きく変化する。現代では、ほとんどの子どもが、乳幼児期から保育園や幼稚園、幼児教室に通い、小学校入学以前から集団生活や学習の経験が積まれていることも多い。しかし、小学校では、行き帰りの付き添いはなくなり、過ごす集団の規模は大きくなる。なにより授業を通しての勉強が始まる。毎日の連絡帳、時間割あわせ、明日の支度、授業、ノートとり、宿題提出、整理整頓、掃除当番や係の仕事、班活動などは、小学生らしい課題である。

　それまで大人の手を借りていたことも、小学校に入ると、一人で考え、一人で作業し、一人で解決することが求められる。保育園や幼稚園から小学校への移行が、うまくいかず、困難な状況は「小1プロブレム」と名付けられている。

　小学生が楽しく学校生活を送るために、学業上のある程度の達成が重要になる。エリクソンは、児童期の発達課題として、勤勉性をあげている。ここでは、小・中学校での教育相談において、学業上のつまずきの支援・援助の達成に関連が深い意欲、動機づけを取り上げる。

意欲

　意欲とは進んで何かをしようと思うこと、その心の働き、何かをやろうとする気持ちである。やる気、意欲があるとイキイキとして活動的になり、活動の成果が高くなり、評価されやすい。子どもの意欲を高めるには、どのような働きかけが有効だろうか。

意欲を高めるモデルのひとつに ARCS モデルがある。子どもの注意を喚起し〈Attention：おもしろそう！！〉、子どもとの関連性を示し〈Relevance：やりがいがありそう！！〉、子どもが自信をもって取り組めると感じ〈Confidence：やればできそう！！〉、子どもの満足感を高める〈Satisfaction：やってよかった！！〉課題ができると、意欲が高まるとする。課題の特性に注目したモデルで、授業を組み立てる際に参考になる。

　学習意欲をなくしている子どもへの支援・援助として、個別の支援だけではなく、ARCS モデルの視点から、授業内容を振り返ることも有用であろう。また、予防的な教育相談の観点からも、子どもの意欲を高める授業づくりを考えたい。

動機づけ

　動機づけとは、「行動をある一定の方向に向けて引き起こし、持続させる過程」である。動機づけには、①行動のエネルギーを与え、行動を起こさせる喚起機能、②ある目標に向かって行動を方向づける指向機能、③目標に到達した時にその行動を強化する強化機能がある。

(1) 自己決定理論

　自己決定理論では、自律性〈Autonomy：自分で自分をコントロールできている〉（自己選択・自己決定の機会が与えられている）、有能さ〈Competence：よくできている、うまくやれている〉（練習・経験が豊富でスキルの向上が感じられる）、関係性〈Relatedness：とりまく人々とのかかわり〉（ソーシャルサポート）を感じられる時、人は意欲的になり、統合的な発達を遂げる、とする。

　自己決定理論のもとにある概念が内発的動機づけである。内発的動機づけは、外的報酬によって動機づけられる外発的動機づけとは異なり、自身の知的好奇心を満たしたり、達成感を感じるために行動する動機づけである。報酬がなくても、課題そのものに魅力を感じて行動に移し、

外発的動機づけより、動機づけが高いとされている。内発的動機づけは精神的健康も高めるといわれ、自律的な動機づけはよい学習者となる重要な動機づけである。自己決定理論では、行動に対する自己決定性の高さを重要とする。

(2) 達成目標理論

　達成目標理論では、目標のもち方と、その背景にある知能観で、動機づけを説明する。ある子どもは、自分が有能かどうか（有能感）の基準を自分自身におき、新しいことを習得しようとする「学習目標」を目指す。ある子どもは、自分が有能かどうか（有能感）の基準を他者におき、良い評価を得て、悪い評価を避けようとする「遂行目標」を目指す。この2つの達成目標の背景には「増大的知能観：人のもつ知能は可変であり、いつでも大きく変えられる」、「固定的知能観：人のもつ知能は一定であり、それを変えるのは難しい」という異なる知能観がある。

　増大的知能観をもつ子どもは、有能感があってもなくても学習目標を目指すので、課題に対して粘り強く取り組む傾向が強いのに対し、固定的知能観をもつ子どもは自分に力があると感じる場合は（有能感あり）遂行目標を目指して課題に取り組もうとするが、自分に力がないと感じる場合は（有能感なし）、「どうせうまくいかない」「どうせやっても駄目だ」と無力感を抱きやすくなる。

　増大的知能観をもち、学習目標を目指す子どものほうが、さまざまな課題にチャレンジする。結果として自らの成長を実感し、さらに増大的知能観を強めて学習目標に取り組もうとする。一方、固定的知能観をもち、失敗しないように遂行目標を目指す子どもは、できると思うことだけにチャレンジするので、結果として、能力の向上をあまり感じることはなく、固定的知能観をもち続けることになる。

　増大的知能観のほうが、子どもの意欲、能力が高まりやすいといえるが、固定的知能観を増大的知能観に変わるように働きかけるのは難しい。固定的知能観をもち、遂行目標を目指す傾向の強い子どもたちへの

働きかけとしては、「有能感」に注目する。「自分が取り組むと成功裡に結果を出すことができ、評価を得ることができる」と感じられる課題を提供し、「やってみるとできる」という体験を繰り返すことによって、増大的知能観に移行しやすくなる。その結果、有能感が感じられない（失敗して笑われるかもしれない）課題に対しても学習目標に向かって取り組むようになり、失敗しながらも、やればできる体験を積み、自己効力感が高まり、パフォーマンスが高まることが期待できる。

　学習意欲が低下、欠如していたり、学業不振、学業不適応等を起こしている児童生徒への支援・援助を考える際には、その子に合った動機づけをするなどの、かかわりの工夫を考えたい。また、学習への意欲だけではなく、学校生活やさまざまな活動への意欲をどう高められるかを考えることが大切である。

　教育相談においては、相談や支援・援助への動機づけも重要な問題である。

文　献

Dweck, C.S.　1986　Motivational processes affecting learning. *American Psychologist*, 41, 1040-1048.

江村早紀・大久保智生　2012　小学校における児童の学級への適応感と学校生活との関連　小学生用学級適応感尺度の作成と学級別の検討．発達心理学研究，23（3），241-251.

E. H. エリクソン（著）　西平直・中島由恵（訳）　2011　アイデンティティとライフサイクル．誠信書房（Ericson,E.H.　1959　*Identity and the Lifecycle*. International Universities Press.）

丸山愛子　1999　対人葛藤場面における幼児の社会的認知と社会的問題解決方略に関する発達的研究．教育心理学研究，47（4），451-461.

長沼君主　2004　自立性と関係性からみた内発的動機付け　動機付け研究の最前線．北大路書房

Ryan, R. M., & Deci, E. L.　2000　Self-determination theory and the facilitation of intrinsic motivation, social development, and well-being. *American Psychologist*, 55, 68-78.

高木秀明　1995　動機づけ　真仁田昭・原野広太郎・沢崎達夫（編集）　学校カウンセリング辞典．金子書房

東京都教育委員会　2008　東京都教育ビジョン（第2次）.

山口剛・丸山眞男　2012　動機づけの変遷と近年の動向――達成目標理論と自己決定理論に注目して．法政大学大学院紀要，69，21-38.

3 思春期・青年期
——第二次性徴・アイデンティティの形成・自立

第二次性徴

　小学校高学年くらいから始まる思春期（puberty）には、急激な身体的変化と内分泌の発達を中心とする生理的変化である第二次性徴が出現し、男女の体型、容貌に著しい性差が現れる。

　激しい身体・生理的変化を受け入れ、対処することは、この時期の大きな課題である。自分の身体、容姿を意識し、同世代との比較、劣等感、葛藤、不満、悩みなどを体験し、内面への意識が高まり、自己意識、自己概念、アイデンティティをめぐる課題に取り組む時期となる。

発達加速現象

　世代が新しくなるにつれて、ヒトのさまざまな発達速度が促進される現象を発達加速現象という。身体的発達が促進される成長加速現象と、初経、精通などの性的成熟の開始年齢が早期化する成熟前傾現象がある。

　年間加速現象（図 3-1）は、より早い時期に、より短時間に、大きな変化を、児童期後期の小学生高学年から体験することを示し、この時期の心身の混乱に配慮する必要がある。身体発育の向上は好ましいが、最近の子どもたちは自立心に欠ける傾向があるとの指摘もあり、体と心のアンバランスさに配慮した、かかわりの工夫が必要である。

58 ｜ Ⅱ 支援・援助に結びつく児童生徒の理解

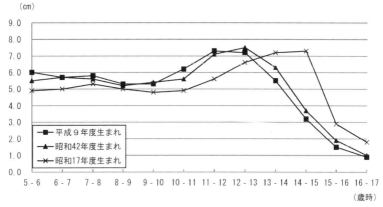

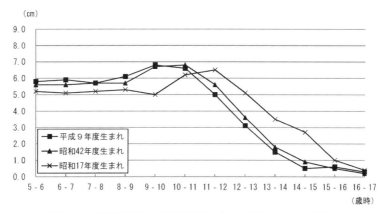

図 3-1　年間発育量の世代間比較（上：男子、下：女子）
（文部科学省「平成 27 年度学校保健統計調査」より）

人間関係の広がり

　児童期中期ごろ以降、親子、家族とのかかわりに加えて仲間との人間関係が重要な意味をもつようになってくる。児童期後半にみられるギャング・グループは、同じ遊びを一緒にする仲間であり、権威に対する反抗性、ほかの集団に対する対抗性、異性集団に対する拒否性などの特徴がある。思春期前期にみられるチャム・グループは、同一の関心・互いの類似性や共通性などを通じて結びつく集団で、自分たちだけで通じる

ことばを通して確かめあうことがよくみられる。高校生くらいからみられるピア・グループは、男女混合で、年齢に幅があることもある。共通性、類似性だけではなく異質性をも認め合い、違いを乗り越えた自立した個人としてのかかわりがみられる。

　以上のような人間関係を通して、協力、妥協、仲裁など、さまざまな社会的スキルを獲得すること、自分らしさを見出すことなどが期待されるが、近年、子どもたちの生活は多忙で、じっくりと仲間関係を過ごすことが難しくなり、獲得が期待されるさまざまな課題が残される場合も少なくない。

　また、大人との関係よりも、友人関係に自らへの強い意味を見出し、反抗期を迎えたり、親子のコミュニケーションが不足しがちな時期で、思春期特有の課題が表れる。仲間同士の評価を強く意識する反面、他者との交流に消極的な傾向もみられる。性意識が高まり、異性への興味関心も高まる時期でもある。

　問題行動が表出しやすいのが思春期の特徴で、不登校の子どもの割合が増加するなどの傾向がみられる。

アイデンティティの形成

　アイデンティティは、エリクソンの発達理論の中心的な概念である。エリクソンは、アイデンティティを「自分自身の内部で一斉性と連続性が感じられること（自己アイデンティティ）」、「他者がその一斉性と連続性を認めてくれること（心理社会的アイデンティティ）」「この両方の事実の自覚（自我アイデンティティの感覚）」であると定義した。また、さまざまな危機に直面し、新たなアイデンティティを獲得することが、確かな未来に向かっての有効な歩みを今自分は学びつつあるという確信、イキイキとした現実感につながるとする。

　思春期以降の児童生徒への相談のアプローチにおいては、アイデンティティの獲得を支援することにも留意したい。

自立

　児童期までは両親の価値観に従ってきた子どもも、思春期に入ると、自分自身の価値観を獲得していこうとして、親に対して反抗的になる。親からみれば、困った現象であるが自立への第一歩ともいえる。中高生の教育相談においては、自立を助けることも大切にしたい。

　自立の目安として、経済的自立（就職して自活できるようになる）、身辺的自立（料理や洗濯、掃除など身の回りのことを自分でできるようになる）、精神的自立（自分の意志で決断し、責任をとる）をあげることができる。親からの自立は、単に親から離れて独立することではなく、互いに独自の大人同士として信頼し合うことができる、対等な関係を結ぶことである。

　思春期の教育相談においては、児童生徒の不安や悩みを軽減しながら、自立を目指したかかわり方を工夫することが大切である。

文　献

Arnett J.J. 2000 Emerging adulthood. *American Psychologist*,55,469-480.

Ericson, E.H. 1950 *Childhood and society*. New York: W. W. Norton & Company（仁科弥生（訳）1977，1980　幼児期と社会1．2．みすず書房）

Ericson, E.H. 1959 *Identity and the life cycle*. New York: W. W. Norton & Company（小此木啓吾（編訳）1973　自我同一性．誠信書房）

平石賢二　2007　青年期の親子間コミュニケーション．ナカニシヤ出版

保坂亨　1996　子どもの仲間関係が育む親密さ――仲間関係における親密さといじめ．現代のエスプリ，353，43-51.

子どもの徳育に関する懇談会「3．子どもの発達段階ごとの特徴と重視すべき課題」子どもの徳育に関する懇談会「審議の概要」（案）．平成21年7月
　http://www.mext.go.jp/b_menu/shingi/chousa/shotou/053/shiryo/attach/1282789.htm

Marcia, J.E. 1966 Development and validation of ego-identity status. *Journal of Personality & Social Psychology*, 3,551-558.

文部科学省ＨＰ　学校保健統計調査 - 平成27年度（確定値）の結果の概要
　http://www.mext.go.jp/component/b_menu/other/__icsFiles/afieldfile/2016/03/28/1365988_03.pdf

文部科学省ＨＰ　1学校における教育相談の充実について．
　http://www.mext.go.jp/b_menu/shingi/chousa/shotou/066/gaiyou/attach/1369814.htm

COLUMN　内発的動機づけ活用の工夫

　小学校に上がってしばらくすると、「先生にほめられる」「先生に叱られる」など、先生からの評価を基準に行動することが多くなる。「人の目」を基準とし、ほめられる、評価が得られる、報酬が得られることによって行動しようとするのは、「外発的動機づけ」によるものといわれる。アイデンティティが確立し、自分なりの価値観、基準に従って、ある程度自信をもって自分の行動を律することができるようになるまでの間、「大人の目」「人の目」が子どもの行動をコントロールすることが多く、有効な行動制御の手段となっている。

　一方、大人からみると何も面白くなさそうなことに没頭し、努力と時間を費やし、全く苦にせず、喜々として取り組んでいる姿がある。その活動そのものが動機づけになっていて、「内発的動機づけ」と呼ばれる。

　内発的動機づけによる活動は、持続しやすく、その成果も高いといわれている。子どもたちに身につけてほしい活動は、どうしても「外発的動機づけ」によってコントロールされることが多いが、内発的な動機づけの要素を加えることができないか、工夫してみると、子どもたちの取り組みが変わってくる。

　例えば漢字の練習の場合、自分なりの「きれいな字」のイメージをもっていて、そのイメージに近づくことが「楽しい」と感じられる子どもたちは、「漢字10個練習できると〇ひとつ」というシステムがなくても、練習に取り組むかもしれない。

　「内発的動機づけ」を高めるひとつのポイントは、自分が「できるようになってきた」「わかるようになってきた」プロセスを感じることができるような工夫である。課題が明確で、あまり時間や労力をかけずに成果を上げることができ、本人がその成果を実感できるような課題への取り組みが、課題そのものを楽しいものにするかもしれない。

Ⅱ 支援・援助に結びつく児童生徒の理解

第4章

児童生徒の発達特性の
理解と対応

　本章では、教育相談において知っておきたい児童生徒の発達特性として、発達障害への理解と対応を整理する。

　精神疾患、障害の診断・分類においては、DSM と ICD が国際的に使用され、2013 年『DSM-5：精神疾患の診断・統計マニュアル第 5 版：Diagnostic and statistical manual of mental disorders 5th edition』(アメリカ精神医学会)が刊行された。DSM-Ⅳ(1994)より 19 年ぶりの改訂となる。その中で、「神経発達症群／神経発達障害群」という大項目が創設され、発達障害がすべての診断基準の冒頭におかれた。これは、発達障害が多くの精神疾患の基盤になることを踏まえたと考えられる。また、これまで行動障害に分類されていた注意欠如多動症（Attention Deficit/Hyperactivity Disorder; ADHD）が発達障害の中に含められ、「広汎性発達障害」は「自閉症スペクトラム障害 / 自閉スペクトラム症」に名称が変更された。実地臨床に即した分類になり、名称の日本語訳についても吟味された。本章で取り上げる神経発達症群（発達障害）の診断基準については、DSM-5、ICD-10 を参照されたい。本章で使用する名称は、DSM-5 にならっている。

1 診断横断的なアプローチによる
発達特性の理解と対応
――発達障害の理解を具体的な対応に結びつける工夫

神経発達症（発達障害）の診断をめぐって

　近年、発達障害（以下、神経発達症）について広く知られるようになり、理解が深まる、適切な対応が提供されるなどのポジティブな変化がみられる。一方で、うまく遊べない子、落ち着きがない子が、簡便なチェックリストなどを用いて、不適切に自閉スペクトラム症や注意欠陥／多動症（ADHD）などと判断されるネガティブな現象も生じている。

　目の前にいる子どもたちの困難が、どのような背景から生じているかを把握し、適切な対応を提供するうえで、診断は、大切な情報となるが、児童精神科、小児精神神経専門の医師によってなされるものである。医師以外の支援者も神経発達症に関する知識と対応の方法を身につけ、現場での対応に役立てることは大切であるが、教育相談においては、本人や家族の受け入れの準備を配慮し、なるべく早期の適切な時期に、支援・援助を含めて適切に活用することが重要である。

　「診断」は、「治療」と対である。比較的単純なメカニズムで生じている症状、例えば、虫垂炎の場合、検査の結果から炎症が見つかり診断が下りると、虫垂を手術で取り出し、虫垂の炎症を収める抗生物質を服用するなどの治療が選択され、炎症が収まれば治癒となる。しかし、神経発達症の場合は、さまざまな要因が複雑に影響し、症状も多様である。診断基準をもとにある診断がついたとしても、診断からすぐに対応方法が決まるわけではない。同じ診断名でも個別の特性への対応が必要である。落ち着きがないなど表面的には同様の特性であっても、背景要因が異なれば、対応も異なる。

類型論的理解と特性論的理解

ある特定の特性を「A」、別の特性を「B」とカテゴリー分けするとらえ方を類型論といい、性格特性を「外向性」「内向性」に分けるなどが代表的な例である。一方、いろいろな人の性格によくみられるいくつかの特性に注目し、ある個人にあてはまる特性を量的に示すとらえ方を特

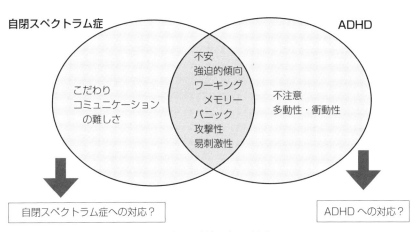

図 4-1　類型論的理解と対応

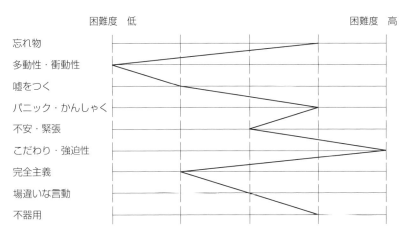

図 4-2　特性論的理解と対応

第 4 章　児童生徒の発達特性の理解と対応　65

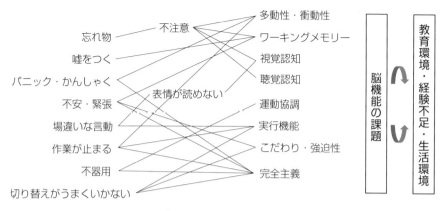

図 4-3 「目に見える特性」と背景要因

性論という。代表的な例として、性格を 12 の特性の量的な違いとして示す Y－G 性格検査がある。

　発達特性をアセスメントする場合、診断名にそって類型論的な理解をするだけではなく、特性論的に、特性ごとの対応を検討することも有効である（図 4-1, 4-2）。また、神経発達症は、背景に認知の特性や脳機能の障害があるといわれ、①現象として表れている困難である「目に見える特性」、②その背景にある発達特性「見えにくい特性」としての認知や脳機能の特性、③そのような特性を備えている本人がどうとらえているか、④どのような動機で、その行動を表しているか、⑤そのような現象と相互作用、円環的関係にある環境要因（生育環境、園・学校環境など）、を含めて把握することが、対応を検討する際に必要となる（図 4-3）。

　さらに、対応の工夫を考える時には、外からの働きかけや本人の努力によって変容の可能性がある部分（経験不足など）と、変容の可能性の低い部分（脳機能の特性など）を、わかる範囲で把握し、変容の可能性が高い部分に働きかけることから始めたい。

　ただし、変容の可能性があると判断されても本人や家族の多大な努力が求められ、うまくいかない場合や、変容の可能性が低いと判断されても、本人や家族の希望が強く、練習や体験により変化する場合もあり、

柔軟な対応、工夫が大切である。

　時々刻々変化する状況に対して、得られた情報の中から暫定的な仮説を立て、本人とその家族の意向を大切にしながら、対応を工夫していくのがよい。そして、実際に対応した結果をよく検討し、有効性を確かめ、有効性が認められれば継続し、認められない場合は、別の工夫を試みることである。

神経発達症における中核症状と二次合併症

　神経発達症においては、「中核症状」「二次合併症（関連症状と併存精神障害）」から理解することが提唱されている（表4-1）。この2つの視点からとらえると、一人ひとりの子どもの理解が深まる。

表4-1　神経発達症の症状理解（古荘，2014より作成）

中核症状：診断に必要な症状
二次合併症 　　関連症状：神経発達症でない人よりも明らかに高い頻度でみられる症状 　　並存精神障害：精神医学的に別の診断名がつけられる精神障害の合併

　二次合併症は、複数の神経発達症に共通して表れることが多く、特性論的にとらえることが理解を助ける。

　次節以降、神経発達症の中から、自閉スペクトラム症、注意欠如／多動症、限局的学習症を、中核症状、二次合併症の視点からとらえ、対応について整理する。

文　献
古荘純一　2014　神経発達症（発達障害）の二次合併症　古荘純一（編）　古荘純一・磯崎祐介　神経発達症（発達障害）と思春期・青年期——「受容と共感」から「傾聴と共有」へ．明石書店　pp.56-65.
森則夫・杉山登志郎（編）　2014　DSM-5対応 神経発達障害のすべて．こころの科学増刊．日本評論社

2 自閉スペクトラム症 / 自閉スペクトラム障害

困難に気づく視点

　自閉スペクトラム症（ASD：Autism Spectrum Disorder）は、外から気づきやすい特徴として、対人コミュニケーションと相互作用の障害（視線が合わない、人見知りがない、友だちとの遊びに参加しない、言葉が遅いなど）、限局され反復する行動や興味の問題（こだわりが強い、パニックになりやすい、新しい環境に慣れにくい、感覚過敏など）があげられる（DSM-5）。これらの症状により、家庭、保育園、幼稚園、学校などで、本人や周囲にさまざまな困難が生じていることが多い。ただし、このような特性をもちながらも困難が生じていない場合もあり、自閉スペクトラム症の特性＝障害ではない。

　自閉スペクトラム症の特徴を中核症状と関連症状に分けて整理したものが表4-2である。ASD の目に見える特性は、孤立している、こだわりが強い、話が通じにくいなどで、平均的な子どもとはどこか異なるという印象がもたれやすい。その背景には、発達、認知、脳機能の特性が関連し、本人の努力、意志、工夫では変えることが難しい。しかし、そのことを周囲が理解するのは、目に見えない特性が背景にあるため非常に難しい。多くの場合、孤立している子どもは集団への参加を促され、こだわりが強い場合は慣れる練習を勧められる。大きな声は注意を受け、教室内のざわつきからくる不快は、他の人には理解されにくい。本人は、コミュニケーションの苦手さも重なって、そのような状況を説明したり、支援を求めることは難しく、さらに困難な状況となり、不登校、ひきこもり、攻撃的行動などの二次的な困難を抱えることもある。

表 4-2　ASD の二次合併症（古荘，2015 より作成）

中核症状（診断に必要な症状）			
対人性障害（コミュニケーション障害も含む）			
限局した関心と活動（こだわり・感覚刺激への過敏または鈍感）			
二次合併症			
関連症状（神経発達症でない人よりも明らかに高い頻度でみられる症状）			
固執・強迫	常同行動	儀式的行動	偏食
不注意	多動・衝動性	かんしゃく・パニック	攻撃性
易刺激性	自傷	集団不適応	不登校
不器用	情動不安定	不眠	ファンタジー
並存精神障害（他の精神疾患の合併）			
うつ病	チック症	不安障害	睡眠障害
てんかん	知的障害	学習障害	
強迫性障害	ADHD		

　ADHD の二次合併症と重なる症状
　ADHD の中核症状と重なる症状

表 4-3　ASD における認知的特性（片桐，2014 より作成）

細部への注意処理特性	
弱い全体的統合仮説	物事の詳細な部分に注意が向けられ、代わりに要点や全体を優先的に処理することの苦手さ
亢進した知覚機能仮説	膨大な視覚情報の入力を管理し、調整するための適応メカニズム
その背景として仮定される認知特性	
視覚処理系	全体の形より部分刺激に注目しやすい
随伴性の高い現象に注目する	予測のつきにくい社会的な刺激より随伴性の高い物理的な現象に注目する
声・顔などの社会的な聴覚刺激に対する選好・認知の低さ	

理解を深める視点

　背景にある認知的な特性、脳機能の特性をイメージすることが ASD の子どもたちの困難に気づくための第一歩である。現在考えられている

ASD の認知の特性を表 4-3 に示す。研究途上であり、すべて解明されているわけではないが、ASD の子どもの抱える困難、対応の難しさの背景として、このような認知特性を考えると、理解が深まる。

診断における留意点

　診断においては、基準となる中核症状の項目にいくつ該当するかを検討するだけでは不十分である。本人の特性と環境要因や周りからの働きかけは相互作用し、円環的に影響を及ぼし合っているので、不用意に診断名をあてはめることは控えたい。

　また、医療機関を受診して診断がついたとしても、治療、対応方法が決まるわけではない。診断に関連する中核症状のほかに、二次合併症が表れていることが多い。二次合併症は、よく表れやすい関連症状と、同時に診断名のつくことのある並存精神障害に分類される（表 4-2）。

　ASD の子どもは、叱責過多による自己イメージの悪化、自尊感情の低下など、情緒的なこじれが生じている場合もある。また、幼児期から深刻な多動を呈する場合は、ADHD と自閉スペクトラム症の合併であることも多い。

　神経発達症は、それぞれ独立した障害として分類されているが、症状が重なっている場合も多く、診断名による支援・援助だけではなく、それぞれのもつ特性によって生じる困難の状態を把握していく必要がある。

　また、ASD の子どもは、親との関係性をつくりにくく、育てにくさが表面化するものの、障害が目に見えにくいので、虐待を受けている事例もある。逆に虐待を受けている子どもの中に ASD の症状や ADHD の症状を示す場合もある。

　神経発達症の子どもをみる時には、多角的にアセスメントしていく必要がある。小学校高学年から中学校・高校の不登校、ひきこもり、非行の背景に、神経発達症の二次的障害が考えられる児童生徒も多い。

対応

　ASD の子どもへの日常的なかかわりの中で実践できるもの（古荘，2015）を、以下にあげる。

・（本人が望んでいる場合は）一人でいることを許容する
・身の回りの物理的環境や時間環境を構成化して、わかりやすくする
・言葉だけではなく視覚的なヒントを使う
・本人独特のこだわりをできる範囲で許容する
・嫌いなものを強制しない
・予定の変更をなるべく避け、必要な場合は予告する
・過敏さ（教室のザワザワが苦痛、衣服のタックが気になる、気温の変化に対応が難しい、エアコンの音、花火の音などが苦痛、味に敏感で好き嫌いが多いなど）に気づき、許容する
・パニックの背景にある引き金に気づき、対応できるように工夫する
・言葉をわかりやすく簡潔にする
・表情、動作を単純明快にする
・応答に時間がかかることを受け止める
・かかわろうとする意図を察知して、応答的にかかわる
・楽しめるかかわりを探す工夫をする
・なるべく具体的にすべて言葉にして伝える工夫をする、など

　対応にあたっては、一人ひとりの子どもの状況をよく観察し、耳を傾け、ASD の子どもが、外界をどのように認知、処理、発信しているか（発信できないのか）についてイメージを膨らませ、かかわり可能な部分を広げていく工夫が求められる。

文　献

古荘純一（編）2015　医療・心理・教育・保育にかかわる人たちのための 子どもの精神保健テキスト．診断と治療社

片桐正敏　2014　自閉症スペクトラム障害の知覚・認知特性と代償能力．特殊教育学研究，52（2），97-106.

3 注意欠如・多動症 / 注意欠如・多動性障害

理解を深める視点

　注意欠如・多動症 / 注意欠如・多動性障害（ADHD：Attention-Deficit/Hyperactivity Disorder）の子どもは、集中が続かない、忘れ物が多い、整理整頓が苦手、落ち着きがない、おしゃべりが過ぎるなど、年齢に不相応な不注意と多動性・衝動性の一方もしくは両方が、学校や家庭などの複数の場面で認められる。その特徴を中核症状（診断に必要な症状）と二次合併症（関連症状と並存精神障害）に分けて整理すると表4-4 のようになる。

診断における留意点

　DSM- Ⅳにおいて、ADHD は行動障害に分類されていたが、発達障害者支援法（2005）、DSM-5 では神経発達症に分類されている。診断の基準には、注意を持続することが困難、じっとしていない、高いところに上る、順番を待つのが苦手、思ったことをすぐ口にしてしまう、忘れ物が多いなど、幼い子であれば、だれにでもあるような特徴群があげられ、「うちの子は、ADHD かもしれない」と思っている保護者も多い。
　診断においては、「不注意」「多動性」「衝動性」に関する項目にいくつかあてはまるだけではなく、「学校や家庭など複数の場面でみとめられる」「発達水準に不相応」であることが基準となる。発達水準に不相応の判断や、不適切な養育などの環境要因から生じている落ち着かなさを見分けることは非常に難しい。また、本人の特性と環境要因や周りか

表 4-4　ADHD の二次合併症（古荘，2015 より作成）

中核症状（診断に必要な症状）			
不注意 衝動性 多動性			
二次合併症			
関連症状（神経発達症でない人よりも明らかに高い頻度でみられる症状）			
固執・強迫	偏食・過食	焦燥	学業不振
易刺激性	自傷	かんしゃく・パニック	攻撃性
情動不安定	不眠	集団不適応	不登校
不器用			
並存精神障害（他の精神疾患の合併）			
うつ病	チック症	不安障害	睡眠障害
知的障害（軽度）	学習障害	てんかん	
反抗挑戦性障害	素行障害		

　ASD の二次合併症と重なる症状
　ASD の二次合併症と重なる ADHD の中核症状

らの働きかけの状態は、相互作用や円環的に影響を及ぼし合い、医療機関を受診して診断がついたとしても、治療、対応方法が決まるわけではない。診断に関連する中核症状（注意力散漫、衝動性、多動性）のほかに、二次合併症が表れていることが多い。二次合併症は、よく表れやすい関連症状と、同時に診断名のつく並存精神障害に分類される（表 4-4）。中核症状とともに二次合併症についても丁寧にアセスメントし、支援につなげたい。

　ADHD は、叱責過多による自己イメージの悪化、自尊感情の低下など、情緒的なこじれによって、反抗挑戦性障害や素行障害に移行する場合もある。また、幼児期から深刻な多動を呈する場合は、ADHD よりも自閉スペクトラム症であることが多い。

対応

　ADHDの子どもたちは親からみて育てにくい子どもである。育てにくさだけが表面化し、障害が目に見えにくいことから、虐待につながりやすい。また、虐待を受けている子どもがADHDの症状を示す場合もある。本人の特性だけでなく、家庭環境や親子関係なども考慮してアセスメントをしていく必要がある。ADHDの子どもは、学校でも、なにかと注意を受けることが多く、自尊感情が低下し、小学校高学年以降、不登校になったり、問題行動や非行に走る事例も少なくない。

　ADHDの症状の表れ方は多様で、一人ひとり異なり、家庭、学校における本人、保護者、教師の困難感もそれぞれ異なる。一見不適応、反抗的にみえる言動の背景に、発達特性からの影響を見出す視点をもつことができると、理不尽な叱責を減らし、子どもや保護者との信頼関係を結ぶことにつながることも多い。

　対応においては、特性から生じる二次的な困難を最小限にし、本人と家族、とりまく人々がより心地よく、自信をもって過ごせるようにすることが何よりも大切である。診断名にとらわれず、困難感の生じている出来事を丁寧に聴き、日常的な解決を工夫したい。

　代表的な手立てとして、学校においては、とりまく環境を整理し、注意が奪われないようにする工夫（黒板の周りの掲示物を最小限にする、座席はなるべく先生の前にするなど）、わかりやすく手持ち無沙汰にならない指示出し、作業や手順を視覚化する、待つことをなるべく少なくし、できるようになってから徐々に長くしていく、感情のクールダウンの工夫（クールダウンの場所を決めておくなど）などがあげられる。家庭においては、ペアレント・トレーニングの有効性が示されており、応用行動分析の考え方を保護者にわかりやすく伝え、家庭で活用できるようにするとよい。

74　Ⅱ　支援・援助に結びつく児童生徒の理解

事例　友だちとのトラブルが多いＡさん

　小学校３年生のＡさんはADHDと診断されており、友だちともめることが多く、友だちを怪我させた、友だちの持ち物を壊した・・・とお母さんは学校から呼び出されることが多く、困っている。後から本人の話をよく聞くと、「悪口を言われた」「嫌なことをやめてくれなかった」ときっかけを話してくれる。しかし、その場ではカッとなっていてうまく説明できず、一方的に担任の先生からも指導されることが多い。

　Ａさんの気持ちとしては、「話しても分かってもらえない」「誰も味方になってくれない」と感じていることが多く、自分で自分を守るしかないと感じている。

　ＳＣは、Ａさんの話、気持ちをよく聴いたうえで、先に悪口を言った、嫌なことをやめてくれなかった、友だちが悪いが、手をだしてしまうことはいけないことを伝え、嫌なことを言われたり、されたりしたら、仕返しをせずに先生に伝えて注意してもらうなど、より合理的な別の解決方法をアドバイスし、Ａさんに実行してもらうことで、徐々に暴力的な反応が減少していった。

　ADHDはいろいろな特性をもっているので、一人ひとり異なる対応が必要ではあるが、共通する点は、本人の意図、動機をゆっくり聞く時間を提供し、その目的を達成するためのよりよい方法を共に工夫し、成功体験を積み、自己コントロール感を回復し、大人への信頼関係を回復し、自尊感情を高めることである。

文　献

古荘純一（編）　2015　医療・心理・教育・保育にかかわる人たちのための子どもの精神保健テキスト．診断と治療社

4 限局性学習症 / 限局性学習障害

理解を深める視点

　限局性学習症（SLD：Specific Learning Disorder）とは、全般的な知的な発達は平均的で、視覚、聴覚、運動能力に障害や遅れがなく、本人もある程度の努力をし、学習意欲があるにもかかわらず「読み・書き」「計算」などのある特定領域（Specific）の獲得が障害され、学業、日常生活、職場で著しい支障をきたす神経発達症のひとつである。DSM-5から、LDがSLDとなり、Specificが追加され、特性をより正確にあらわす名称に変更された。

　授業中ぼーっとしている、課題に取り組もうとしない、周りの人にちょっかいを出すなどの、学校不適応な行動として表れやすい。一見問題のない子どもにみえ、友人関係も良好で、とくに問題が認められないため、漢字の書き取りの成績がよくない、英語の時間はふざけてしまうなど、読み書き計算の機会を避けようとする態度や行動が、努力が足りない、不真面目と受け取られ、教師からの厳しい指導、居残り勉強、家庭での厳しい勉強指導などを受けやすい。その結果、教師との関係、親子関係のトラブル、自尊感情の低下などがみられる場合がある。苦手な部分を補うために、学校以外の場所で練習回数を増やし、長時間の勉強に取り組んで、大変な苦痛・困難を抱えている場合もある。

　SLDの子どもは、勉強ができないことを「自分のせい」「自分の問題」ととらえているため、困難を訴えることは少ない。SLDは、本人の努力が足りないのではなく、脳の機能の障害、認知の障害から生じることをまずは理解することが必要である。

発達性読み書き障害（DD：developmental dyslexia）

　国際ディスレクシア協会は、発達性読み書き障害（ディスレクシア）を「神経生物学的原因による特異的学習障害である。その特徴は、正確かつ／または流暢な単語認識の困難さであり、綴りや文字記号の音声化が拙劣であることにある。これは言語の音韻的要素の障害によるものであり、配慮された教育環境下においても認められ、ほかの認知能力からは予測されない。二次的には読解力の低下や読む機会の減少といった問題が生じ、語彙の発達や背景となる知識の増大を妨げるものとなりうる」と定義している。文字を音に直す音韻化（decoding）、音韻と文字の対応、視覚認知、運動能力、構成力などの障害があると考えられている。

　「読み・書きの困難さ」は、読みの不正確さ（読み間違えが多い）、非流暢性（つっかえる）、読みの困難性（一文字ずつ読む、指で差しながら読む）、読んだ内容の理解できにくさ、書き取り・書き写しが難しい（ノートの書き写し、板書が苦手）、文章表現が難しい（作文が苦手）などとして表れる。

　認知的な特性として、「ぬ」と「め」、「本」と「木」など文字の細かい違いの区別が難しい、文字の行の読み飛ばし、どこを読んでいるかわからなくなる、視覚認知の選択的な注意の弱さ（入力される情報のすべてを同等に処理してしまい、必要な情報に注目するのが苦手）、視覚的な短期記憶の弱さ（一度見た形を保持することの苦手さ）、空間認知の障害（上下、左右、前後などに関する把握が苦手、偏と旁で漢字を理解することが難しい、鏡文字になるなど）、聴覚認知の問題（似た音を聞き間違える、聞いたことを覚えていられないなど）が指摘されている。

対応

　個別の特性によって対応は異なるが、苦手な部分がどこにあるかをアセスメントしたうえで、①負担が大きくならない程度に補助的な工夫を

取り入れて練習し、②負担が大きいと考えられる場合は、大目にみる。本人の気持ち、周りの受け取りにも配慮して対応するとよい。

算数障害（DD：developmental dyscalculia）

　算数障害とは、計算や数的推論など、算数における修得の困難な状態である。困難さの程度が当該学年相当や全般的知能から想定される能力よりも著しく低下しているために、学業や日常生活に大きな支障をきたす。知的能力の低下はみられず、家庭や学校での学習環境の問題や本人の怠けによるものではなく、中枢神経系の機能異常がある。

　DSM-5によると、「数の感覚／数概念の障害：数には、順序を表す序数性と、多さ（大きさ）を表す基数性がある」「数学的事実の記憶の障害：簡単な暗算ができない、九九の暗算をしばしば間違える」「計算の正確さ、流暢性の障害：筆算を正しくできない、時間がかかる、繰り上がり・繰り下がりを頻繁に間違える」「数学的推理の正確さの障害：文章題につまずく」「数処理の障害：数字の読み書きや数の大小を比較する力（○を3つ見ても「3」という数字に置き換えるのが難しい）」などの症状がある。

　数量の処理障害（2つの数量の大小、多少の判断が難しい、おおよその数を把握するのが難しい）やワーキングメモリーの障害、注意の障害などが想定され、神経生物学的背景の研究もすすめられている。

対応

　個別に異なる苦手部分を把握することから始める。ワーキングメモリーの弱さが暗算の苦手に結びついていると想定できる場合は、メモなどの外部記憶を活用し、暗算にこだわりすぎることなく計算練習をすすめる。九九の練習が苦手な場合も、次に何をかけるのかをワーキングメモリーに保持できていない場合が多く、九九の表などを作って、短期記憶の負荷を少なくすると覚えやすくなる。

　苦手部分のアセスメントと練習する負担感のアセスメントにもとづい

て、負担の大きくならない程度に練習をすすめる。負担が大きい場合は大目にみる配慮が求められる。

発達性協調運動障害（DCD：developmental coordination disorder）との関連

　DCD は協調運動（視覚・触覚・深部感覚・前庭感覚などの感覚を脳で統合し、運動意図のもと、筋肉やその収縮の程度、順番、タイミングなどを計画し、運動出力の後、その結果を感覚からフィードバックし修正する一連の過程で行われている）の発達の障害で、全身の動きや手先の不器用な状態を特徴とし、日常的に影響を及ぼす。

　主に「書くこと」において SLD と関連があるといわれ、筆圧が弱い、文字のパーツの比率がおかしい、文字や文がはみだす、文字の大きさがそろわない、行がゆがむ、書くのが遅い、筆算の桁をずらして書くので、計算を間違える、などが表れる。

　対応としては、ノート、プリントなどの記入欄を大きくして書きやすくする、コピーや写真を活用して自分で書く量を減らす、握りやすい筆記用具を使うなどの工夫が考えられる。

視覚情報処理障害との関連

　視覚情報処理は、「視機能：視力、視野、色覚、調節、両眼視、眼球運動」「視知覚／視覚認知：入力された視覚情報を分析する機能：対象物を背景から切り分けてひとまとまりのものとしてとらえ、その像の意味を理解したり名称と結びつけ、注意を向けたり、記憶する過程が含まれる」「目と手の協応：視覚情報と運動のアウトプットを関連付ける」などの機能があり、SLD との関連も大きい。視覚情報処理障害は、読んでいる時に行や列を読み飛ばす、同じところを繰り返し読む、長時間集中して読めない、黒板を写すのに時間がかかる、計算は得意だが、百マス計算が苦手、などとして表れる。本人が問題としてとらえることは

第 4 章　児童生徒の発達特性の理解と対応　79

まれで、学習のつまずきの背景に視覚情報処理の障害があることに気づいて支援につなげることが必要である。

　対応としては、教科書やプリントの拡大、空白を広くとる、コントラストを強くする、背景をシンプルにする、視覚情報機能を高めるためのビジョントレーニングを試みることなどがある。

文　献

稲垣真澄・米田れい子　2017　特集 限局性学習症（学習障害）．児童青年精神医学とその近接領域，58（2），205-216.

若宮英司　2017　特 集　限局性学習症（学習障害）　LD と DCD　視覚情報処理障害．児童青年精神医学とその近接領域，58（2），246 -253.

COLUMN　親子で一緒に取り組む
——ダメだしは禁物、自尊感情を高めよう

　子どもの数が少なくなり、明日のしたく、宿題、持ち物点検など、学校生活をめぐるさまざまな作業に、大人の目がゆきとどくようになってきた。夏休みの宿題も、8月の末が近づくと、保護者は気が気ではなくなり、自由研究、読書感想文など一緒に取り組むこともある。「一緒に取り組むこと」そのものは、親子の交流としてほほえましいことでもあるが、心配なのは、成果物の完成度の基準が「大人」の基準となってしまい、到底その基準に届くはずがない子どもの出来栄えに、「ダメ出し」がされ、ある時は怒られ、本来楽しいはずの作業が、苦行になってしまうこと、「少しでも間違えたら怒られる」と失敗恐怖が身につくこと、「すべては完璧に仕上げなければならない」と過度の完全主義が身についてしまうことである。さらに、「自分がやっても良いものはできない」→「どうせ自分はダメだ」といった低い自己評価が身につき、自尊感情の低下につながりやすいことも気がかりである。

　かといって、なにも声かけせず、働きかけずに始業式を迎えると、全く仕上がっていない場合もある。「取り組まなかった自分の責任」と先生に注意してもらい、教訓にさせる方法もあるが、少し打撃が大きい。できれば、楽しく課題に取り組み、その成果を自分でも「なかなかできた」と感じ、うまくいかなかったところについては、「次気をつけよう、がんばろう」と次の意欲につなげたい。

　自主的に課題に取り組むタイプの子どもの場合は、がんばって取り組んでいることを労う。大人の目から見たら、行き届かない点もあるかもしれないが、なるべく「ダメ出し」は避ける。

　自分から課題の手順を決めて、時系列を意識しながら作業を進めるのが苦手なタイプの子どもの場合は、締め切り日時を明示し、そこに間に合うための、ある程度のタイムスケジュールを一緒に立て、書き出してみて「視覚化」を手伝ってみる。次に、どんな課題に、どのくらいの分量を、どのくらいの頻度で取り組むのかを一緒に考えてみて、やはり「視

覚化」を手伝う。実際の作業は、本人のできる時間と場所を確保し、あまり急き立てず、完璧な成果を目指すことなく「ダメ出し」「皮肉」は避けて、一緒に取り組む。

　大人からみると、「……」かもしれなくても、自分の作品を見て、「うれしそうに」「得意そうに」する姿こそ、自尊感情の高まる瞬間と考えられる。

Ⅱ 支援・援助に結びつく児童生徒の理解

第5章

小児科・精神科的な
課題への理解と対応

　教育相談で対応する子どもたちが抱える困難の背景には、小児科、精神科的問題がかかわっていることも多い。しかし、子どもたちの身近にいる支援者が小児科学、精神医学に関する知識をもちあわせていない場合も多く、その問題に気づかれず、適切な対応を提供するのに時間がかかり、困難が長引いて二次的な困難が発生している場合もある。

　また、精神医学的な問題に気づかれたとしても、精神科の受診に対しては、偏見や抵抗など、依然として敷居が高く、適切な対応が遅れる場合もある。小児科、精神科的な診断、対応は、医師の業務であり、むやみに教師やＳＣが判断することは避けなければならないが、身近にいる支援者が子どもたちの様子をよく観察し、医学的な支援の必要性をある程度見極め、適切な対応につなぐことが必要である。

　早期発見、早期支援が強調されることも多いが、当事者が精神科的な課題の現状を受けとめて、ある対応を選択するまでには、時間が必要で、受け入れ準備を支援することも大切な支援のひとつである。

　本章では、教育相談において、児童生徒の訴えや状態から、小児科、精神科的な支援につなぐ必要性をある程度判断し、本人とその家族の意向を大切にしながら、適切な説明、情報提供と、困難の解消に向けての働きかけを工夫するうえで、役に立つ知識を整理する。

1 心身症・不定愁訴

心身症

　日本心身医学会の定義によれば、「心身症とは、身体疾患の中で、その発症や経過に心理社会的な因子が密接に関与し、器質的ないし機能的障害が認められる病態」をいう。ただし神経症やうつ病など、他の精神障害に伴う身体症状は除外する。子どもの心身症は、以下に示す特性から成人の定義よりも広義にとらえられることが多い。

　1）心身の関係が未熟・未分化であり、精神的ストレスが身体症状化しやすい。

　2）成長発達している存在であり、年齢が小さいほどストレッサーの耐性が低い。

　3）身体疾患が成長発達の経過に影響を与え、二次的な心身症化を生じやすい。

　4）生存・生活を周囲に依存しており、環境（周囲の人）の影響を受けやすい。

　また、子どもの心身症は、大きく以下の3つの状態を指す。

①典型的な心身症状態（狭義の心身症）

　日本心身医学会の定義に従って、器質的、機能的障害のある身体疾患であり、心理・社会的な要因の影響を受けていると理解されるもの。

　例：慢性身体疾患(心身症)、気管支喘息など完成された心身症症候群、過敏性腸症候群、胃潰瘍など

②心因反応性の身体症状（広義の心身症）

器質的な障害は認められない（検査をしても悪いところが見つからない）が、身体症状が認められ、その背景に心理・社会的な要因の影響を受けていると理解されるもの。

例：緊張による頭痛、反復性腹痛、頻尿など

③身体疾患ではなく、身体症状のみの状態ではないが、その困難の背景に心理・社会的な要因の影響を受けていると理解され、心身医学的視点が有用なもの。

例：不登校、神経性無食欲症など

思春期に注意すべき問題としては、慢性疾患の悪化、神経発達症（境界知的発達症、限局性学習症、注意欠如・多動症、自閉スペクトラム症など）に現れるチック症、排泄症、睡眠障害、身体症状症なども含めていることである。

したがって、ある特定の疾患群を心身症とするのではなく、ある疾患、ある症状や困難が存在し、その理解や支援・援助に心理・社会的要因を考慮する必要がある場合、心身症ととらえられる。

つまり、心身症とは、診断名ではなく、疾患を診る視点を示す用語で、広い意味では、子どもの身体に生じている不調はすべて心身症と受け取ることもできる。

日本小児心身医学会が提案した小児心身症の定義では「小児の身体症状を表す病態のうち、その発症や経過に心理社会的因子が関与するすべてのものをいう。それには発達・行動上の問題や精神症状を伴うこともある」と発達の問題とのかかわりを明言している。

不定愁訴

不定愁訴は、頭が痛い、おなかが痛い、気持ち悪い、ふらふらするなど、「内科領域で、漠然とした身体的愁訴を有し、それに見合うだけの器質的疾患の裏づけのない場合」を指す。1980 年ごろから、子どもの不定愁訴が注目されるようになった。とくに、不登校との関連はよく報

告されており、不登校の始まりのころに子どもが頭痛、腹痛などの不定愁訴を示すことが多い。

　不定愁訴は、主に心理・社会的要因の影響が大きく、とくに器質的な障害の見つからない広義の心身症、心因反応の場合が多い。しかし、ある程度の身体的な治療が可能である起立性調節障害や小児期の慢性疲労症候群と診断できる場合があり、小児科的な治療によって症状がかなり軽減する場合もある。頭が痛い、おなかが痛い、ふらふらするなどの愁訴がある場合、心理・社会的な要因がある程度想定されても、まずは小児科を受診して、身体的な疾患、起立性調節障害や慢性疲労症候群の可能性を確認し、必要な場合は適切な治療をすることが、症状の軽減につながり、支援につながる。

　起立性調節障害は、立ちくらみ、失神、気分不良、朝起床困難、頭痛、腹痛、動悸、午前中に調子が悪く午後に回復する、食欲不振、車酔い、顔色が悪いなどのうち、3つ以上、あるいは2つ以上でも症状が強いことが診断基準としてあげられる。

　また、慢性疲労症候群は、①強い倦怠感を伴う日常活動能力の低下、②活動後の強い疲労・倦怠感、③睡眠障害、熟睡感のない睡眠、④認知機能の障害、または起立性調節障害、が6カ月以上持続ないし再発を繰り返すことが診断基準となっている。

　ただし、現実的には、身体疾患や起立性調節障害、慢性疲労症候群の診断基準にあてはまる場合も、さまざまな要因が複雑に重なりあっており、心理・社会的要因の影響も含めた、心身医学的な視点から支援を組み立てることが求められる。

対応

　支援を組み立てるうえでの大切な観点は、さまざまな検査の結果、器質的な障害や疾患が見つからない場合も、症状そのものは存在し、症状、苦痛へのケアが必要ということである。「検査では何も悪いところはないので、心理的な問題です」という説明だけでは、本人やその家族の困

難を軽減することはできない。また、仮病、なまけ、と受けとめられ、心無い対応を受けて医療不信、学校不信に陥るなど、受診したことで傷ついている場合もある。身体症状によってなんとか心のバランスを保っている困難な状況を理解し、対応する必要がある。

　身体症状の多くは、子どもたちが、自分の力ではなんともできない大きな困難から、身を守るために生じている。その大きな困難を明らかにし、身体症状がなくても、困難を遠ざける、少なくすることができると感じられるようになると、身体症状は軽減しやすい。子どもと家族に耳を傾け、周りで生じているさまざまな現象をよく観察、アセスメントし、身体症状でしか解決することのできない困難を見出し、軽減することが、支援につながる。

　DSM-5 に不定愁訴の用語はないが、「身体症状症（Somatic Symptom Disorder：SSD）：症状を説明するのに十分な器質的疾患の裏づけのない愁訴」が、類似の概念といえる。

文　献

阿部忠良　1985　各科よりみた不定愁訴のとらえ方——小児科医の立場より．不定愁訴,
　17，31-45.

宮本信也　2003　子どもの心身症とは（特別企画　子どもの心身症）．からだの科学，231,
　13-17．日本評論社

村上佳津美　2009　不登校に伴う心身症状——考え方と対応．（特集　小児をめぐる心身医
　学）．心身医学，49（12），1271-1276.

村松公美子　2017　精神医学と心身医学．心身医学，57（1），16-17.

日本医療研究開発機構　障碍者対策総合研究開発事業　神経・筋疾患分野「慢性疲労症候
　群に対する治療法の開発と治療ガイドラインの作成」研究班 HP
　https://www.fuksi-kagk-u.ac.jp/guide/efforts/research/kuratsune/（2018 年 8 月 8 日閲覧）

日本心身医学会用語委員会（編）　1991　日本心身医学会用語集．心身医学，31（7）.

日本小児心身医学会（編）　2015　小児起立性調節障害診断・治療ガイドライン（改訂第 2
　版）．南江堂

田中英高　2017　改訂　起立性調節障害　起立性調節障害の子どもの正しい理解と対応.
　中央法規

田中英高　2017　改訂　起立性調節障害の子どもの日常生活サポートブック．中央法規

2 うつ

理解を深める視点

　DSM-5 において、うつの主症状には、抑うつ気分と興味・喜びの喪失、副症状には、食欲の問題、睡眠の問題、焦燥・制止、疲れやすい、気力が出ない、自分なんて存在価値がない、自分が悪い、思考力・集中力がない、自殺念慮・自殺企図、などがあげられている。主症状は、外から見ても気づかれやすいが、副症状は、良好な信頼関係のもと、質問することで明らかになる場合が多い。また、児童・青年期の場合、抑うつ気分がイライラ、怒りっぽさとして表れることもある。

　身体症状の二次症状として、頭痛、肩こりなどが生じる場合もあり、心身症、不定愁訴との区別が必要である。うつの可能性が高い場合は、睡眠障害（夜中に目が覚める中途覚醒、朝早く目覚める早朝覚醒、ぐっすり寝た気がしない熟眠障害、寝つきが悪い入眠障害）や食欲障害（食欲低下、体重減少、過剰な食欲（食欲亢進）、体重増加）を示すことが多い。

　表 5-1 に子どものうつの症状を示す。

　小 1 ～中 3 までの児童生徒 3,331 名を対象とした調査（傳田ら, 2004）によれば、小学生の 7.8％、中学生の 22.8％が高い抑うつ得点を示すことが明らかにされた。中 1 ～ 2 年生を対象とした半構造化面接による調査（佐藤ら, 2008）では、4.9％のうつ有病率が示されている。研究によって幅はあるが、かなりの割合で、うつの症状を抱えている児童生徒が存在していることがわかる。

　子どもに、表 5-2 のような応答がある時、うつの可能性が高い。

表 5-1　子どものうつの症状（傳田，2002 より作成）

【精神症状】
＜中核症状＞
興味・関心の減退：好きなことも楽しめない。
意欲・気力の減退：気力がわかない。
知的活動の減退：集中の低下。学業成績の低下。
＜二次症状＞
抑制的な表情・態度：表情が乏しい。
抑うつ気分：落ち込み。憂うつ。
不安・不穏：イライラ。そわそわ。落ち着かない。
思考の障害：思考制止。決断不能。自責感。
【身体症状】
＜中核症状＞：自分で訴えることは少ない。
睡眠障害：中途覚醒、早朝覚醒、熟眠障害、入眠障害、過眠
食欲障害：食欲低下、体重減少、時に食欲亢進、体重増加
身体のだるさ：全身が重い、疲れやすい。
日内変動：朝が最も悪く、夕方から楽になる。
＜二次症状＞：表面に現れる症状
頭痛、頭重感、肩こり、胸が締めつけられて苦しい、動悸、
口渇、発汗、寝汗、悪心、嘔吐、胃部不快感、腹部膨満感、
めまい、手足の冷え、知覚異常、四肢痛、便秘、下痢
【行動症状】
＜二次症状＞
行動抑制：行動が緩慢、動きが少なくなる。
学業問題：不登校、社会的ひきこもり
落ち着きのなさ：多動、徘徊、じっとしていられない。
問題行動：攻撃的言動、衝動性、自殺企図、自傷行為、非行、行為障害

第 5 章　小児科・精神科的な課題への理解と対応

表5-2 うつの中核症状確認の質問と可能性の高い回答

「今楽しいことは？（興味・関心）」	「ない」
「本や漫画は読める？（意欲・気力）」	「集中できない」
「勉強は手につく？（知的活動能力）」	「できない」
「気分の落ち込みは？（抑うつ気分）」	「ある」
「イライラは？（不安・焦燥）」	「ある」
「夜はよく眠れる？（睡眠障害）」	「眠れない」
「ご飯はおいしい？（食欲）」	「おいしくない」
「だるい？（身体のだるさ）」	「だるい」
「朝と夜どっちが調子いい？（日内変動）」	「お昼過ぎからは少し元気になる」
「お休みの日も調子悪い？（学校の問題）」	「悪い」

対応

事例　いじめ体験を誰にも伝えられず、うつ状態だった高1のBさん

　Bさんは、小さいころから優しい性格で、友人とのトラブルはあまりなかった。高校に入学してしばらくたったころ、頭が痛い、おなかが痛いと訴えるようになり、登校前にトイレにこもり、なかなか登校できなくなった。しかし、父親は厳格な人で、力ずくでも登校させようとした。母親が担任に連絡をとると、学校では特に変わった様子はないとのこと。

　日がたつにつれて、Bさんの体調は悪化し、朝起きられない、夜眠れない、食欲もない状態が続いた。父親は、引き続き欠席を認めず、精神科を受診。医師の問診の結果、「うつ状態」と言われる。服薬を勧められ、服薬を開始。また、休息が必要との判断から、しばらくの間学校を休むことを勧められる。医師の判断のため、父親もしばらくの間の欠席を認め、家で療養しながら、カウンセリングをうけることになった。

　初めのうちは、本人も「みんな学校に行っているのに、休んでいる自分はダメな人間だ」と自分を責めていたが、カウンセラーから、「せっかく休んでいるので、ゆっくり休もう」と勧められ、投薬の効果も加わ

90 ｜ Ⅱ　支援・援助に結びつく児童生徒の理解

り、朝の頭痛、腹痛はなくなり、少しずつ食欲も出てきた。しかし、外出はまったくせず、家にこもりっきりであった。

欠席してしばらくしたころ、カウンセラーに、実は高校入学後、身体的ないじめにあっていたこと、誰にも言えなかったことが語られた。本人の訴えということはわからないように、学校での対応がすすめられ、加害生徒への対応も十分に行われた。この状況で、登校を勧めたが、怖い気持ちはなくならないとのこと、しばらくの間、登校時の対応として、はじめは短時間教員と一緒に行動することから始め、徐々に学校にいる時間を延ばしている。

医師から、いじめをうけていたことなどの説明を聞き、父親も状況を理解し、柔軟に対応するようになり、板挟みのつらい状況が軽減した。

成人と異なり、子どもは抑うつ感情の訴えが乏しく、頭痛や腹痛などの身体症状として現れやすい。イライラや不登校として現れることも多い。本人の訴えだけではなく、睡眠、食欲、日内変動、気力、興味、集中力などについて状況を聴き、慎重なかかわりが必要である。うつの可能性が疑われると判断したら、小児精神神経の専門医に相談することが適切であるが、精神科受診をすぐに勧めることは、精神病のレッテルと受け取られることもあり、慎重にすすめる必要がある。支援者との信頼関係をしっかり結び、精神科受診のメリットを丁寧に説明し、受診後も受診の仕方などの相談にのれるとよい。受診に至らない場合は、本人には対応できない、うつに関連していると推測されるさまざまな要因を検討し、対処する工夫を一緒に探す。本人の心の負担を和らげる環境調整も大切になってくる。

文　献

傳田健三　2002　子どものうつ病――見逃されてきた重大な疾患．金剛出版　pp.47-64.

傳田健三・賀古勇輝・佐々木幸哉・伊藤耕一・北川信樹・小山司　2004　小・中学生の抑うつ状態に関する調査：Birleson 自己記入式抑うつ評価尺度（DSRS-C）を用いて　児童青年精神医学とその近接領域, 45（5）, 424-436.

佐藤寛・下津咲絵・石川信一　2008　一般中学生におけるうつ病の有病率――半構造化面接を用いた実態調査　精神医学, 50（5）, 439-448.

3　不安・恐怖

困難に気づくための視点

　子どもたちは、成長過程において、さまざまな未知の物、人、実力以上の能力を求められるような状況に遭遇し、不安や恐怖を体験する。多くの場合は、養育者や周りの大人に抱っこされながら、手をつなぎながら、見守ってもらいながら、応援してもらいながら、大丈夫であること、やればできることを体験し、乗り越えていく。年齢相応で日常生活を妨げない範囲での不安や恐怖は、むしろ発達促進的な意味があり、乗り越えていくことで、新しい課題に取り組むことができるようになる。しかし、子ども自身の許容範囲を超えた過酷な体験や、不安や恐怖を感じた時に養育者や周りの大人からの安心感、信頼感を得られない体験が繰り返されると、不安や恐怖を乗り越えることがうまくいかず、はっきりとした対象がなく漠然としている、表現しにくく他の人にわかってもらえない不安、我慢することが困難で、長く続き、繰り返すのではないかと気になる不安がみられることがある。さらに、このような症状のために、日常生活や社会生活に著しい支障がある時は「病的な不安」ととらえられ、専門的なケアが必要になってくる。

　子どもたちは表現力、とくに言語表現が未熟で、困った、苦しい感じを「不安」「恐怖」として周りの大人に訴えることは難しい。「どうしたの？」と聞かれても説明することは難しく、伝えるのをあきらめてしまうこともある。おなかが痛い、頭が痛い、吐き気がする、トイレに何度も行く、寝付けない、怖い夢を見るなどの身体症状や、心臓がドキドキする、手に汗をかく、筋肉の緊張から肩が凝るなどの自律神経系の症状、

イライラ、ぼーっとする、集中が続かない、落ち着かない、ソワソワするなどの行動面の状態の背景に「不安」「恐怖」が関連していることも多い。

　子どもが不安を感じている時、その不安は「精神症状：気持ちが落ち着かない、○○が怖いなど」「身体症状：動悸がする、息苦しいなどの言語表現や、実際に心拍が上がったり、汗をかいたりする」「行動問題：かんしゃく、しがみつき、攻撃的になる、話さない（緘黙）など」として表れる。

　子どもたちは我慢強く、親や大人に迷惑をかけないように、「助けて」と言えないことも多い。自分では抱えきれないほどの不安や恐怖をもっていても、周りの大人からみると、静かでおとなしく、問題のない子どもととらえられていることもある。身体症状に注目することと並行して、訴えてこない、静かでおとなしい子どもにも、まんべんなく声をかけ、「何か困ったら伝えてよい」環境を提供することが大切である。

病的不安

　発達段階における正常範囲の不安、恐怖を超え、はっきりとした対象がなく漠然としている、表現しにくく他の人にわかってもらえない、我慢することが困難で、長く続き、繰り返すのでないかと気になる不安の場合、病的な不安として治療の対象となる。

　DSM-5 に示されている不安障害の概要を以下に示す。

　①分離不安障害

　強い愛着をもっている人と分離することに対する過剰な不安。4 〜 5 歳を過ぎても母親からの分離が難しいなどがある。分離の時間になると、発熱、嘔吐などの症状が出て日常生活に支障をきたす。後追いが激しい、母親がそばにいないと遊べないなどの状態を示す。低学年での不登校の場合、関連している場合が多い。

　②選択性緘黙

　自分の家族や慣れ親しんだ人とは話すが、言葉を理解しているにもか

かわらず、ひとつもしくは複数の場面で話せなくなる。1か月以上続き、学習や対人生活に大きな妨げとなっている。

③限局性恐怖症

恐怖対象（高所、嵐、雷、注射、動物など）・状況（狭い場所、乗り物など）への曝露によって引き起こされる著しい不安で、しばしば回避行動が生じる。発達年齢に比べて恐怖感が強く、回避することにより生活に支障をきたす。

④社交不安障害（社交恐怖）

人前で恥ずかしい思いをするのではないかという過剰な心配のために恐怖心が非常に強くなり、そのような場面に遭遇すると、さまざまな身体症状を訴えて、人の集まる場所を避けるようになり、その結果、日常生活に大きな問題を抱える。

⑤パニック障害

何のきっかけもなく突然激しい症状が出現し、パニックに陥る。症状としては、動悸、頻脈、発汗、震えなどの自律神経刺激症状が中心である。発作が生じていない間も「また発作が出るのではないか」と予期不安が生じやすい。

⑥広場恐怖

逃げることが困難かもしれない場所や状況が生じた場合、助けが得られないと考えて不安を強く感じ、その状況を回避する。

⑦全般性不安障害

日常生活上のさまざまな活動（学習や仕事など）やちょっとした事柄に対して過剰な不安と心配（予期不安）を抱く。さまざまな身体症状を呈しやすい。

対応

子どもの不安は気づかれにくいことを、心にとめることが第一である。周りが気づかない場合、本人から訴えることは少ない。気づきへの糸口は、身体症状や何かを渋る言動などである。「そんなことあるわけ

がない」「そのくらい大丈夫」「根性がない」「大きくなれば大丈夫」などと言われ、その言葉を信じ、周りからの助けも得られず、つらい状況の中、我慢している子どもも多い。自然に和らぐこともあるが、つらい状況が続く場合は、成人期になって対人関係の障害をもたらすことがある。

　子どもの話に耳を傾け、「心配」「怖い」「困っている」ことをゆっくり話せる時間と場所を提供し、子ども自身が「こうすれば大丈夫」と感じられる対処方法を具体的に一緒に相談することから始まる。大人にとっては些細なことが、大きな心配、不安となっていることが多く、授業中にトイレに行きたくなったらどうするか、電車の中で気分が悪くなったらどうするか、お母さんが黙っていなくなることはなく、必ず声をかける約束をするなど、ひとつずつ解消していく。

　パニック発作などには、呼吸法やリラクセーションなどの自己コントロール能力を高める練習や、病院を受診できれば酔い止め、服薬の効果も期待できる。根拠はとくになくても「こうすれば大丈夫」と本人が感じることのできる工夫を見つけることがポイントとなる。

文　献

古荘純一（編）　2015　医療・心理・教育・保育にかかわる人たちのための子どもの精神保健テキスト．診断と治療社

越野好文　2002　小児の不安性障害．児童青年精神医学とその近接領域，43，111-118.

宮本信也　2011　子どもの不安の表れ方（特集1　子どもの不安とどう向き合うか）．教育と医学の会（編）　教育と医学，700，pp.4-11.　慶應義塾大学出版会

4 チック

理解を深める視点

　幼児から中学生くらいまでの子どもの中に、よく瞬きをする、首をふる、顔をしかめる、肩をすくめる、咳払いをする、鼻をならす、声を出す、短い単語を繰り返すなど、チックといわれる行為が目につくことがある。止めようとしても、止めるのが難しい様子で、周りからみると、状況にふさわしいとはいえず、奇妙な動きにみえる。多くの場合、本人にあまり困った様子はなく、担任の先生や家族が心配して、小児科や心理相談室に相談することが多い。チックに気づいた時点では家族や教師は、なんとか奇妙に見える動き（チック）を止めようと、本人に注意したり、叱ったりしていることが多い。

　チックの原因は、はっきりわかっているわけではない。厳しいしつけなど親のかかわり方に注目されたこともあったが、最近は、育て方の問題ではなく、脳の機能になんらかの原因があると考えられている。

　子どもに困った行動がある時、注意してやめさせるのが一般的であるが、その方法では、チックはなかなか改善しないため、困難が生じやすい。注意してやめさせる働きかけに対して、あまり効果がみられなくても、多くの場合は、さらに強く「注意してやめさせよう」と働きかけて、本人はつらくなり、家族は自信を失い、教師は困り、関係が悪化するなど、二次的な困難が生じていることもある。

　チックの定義には、意のままにならない行動という意味の不随意行動という語が出てくる。「そうしよう」と思ってもそうならない、「止めよう」と思っても止まらない行動である。「やめなさい」と言われて、絶

96　　Ⅱ　支援・援助に結びつく児童生徒の理解

対やめられないわけではないが、自分の意のままに止めるのは難しい。周りには、ふざけている、反抗している、わざとしている、と受け取られやすく、さらに注意を受けることもあるが、誤解である。

チックの概要

ICD-10 では、「不随意的、急速で反復的、非律動的な（通常限局した筋群の）運動あるいは発声」と定義されている。

大きく「運動性チック」と「音声チック」に分類され、それぞれ「単純型」と「複雑型」に分けられる（表 5-3）。境界は必ずしも明確に定義されているわけではなく、大まかな分類である。短期間に自然に治ってしまうような軽度のものから、1 年以上複数の運動チックと音声チックが重なり、日常生活に大きな支障をきたす重症のものまである。多くは成人までに改善するが、まれに大人になっても重症な状態が続く場合もある。

DSM-5 の診断基準では、「暫定チック症」、「持続性（慢性）運動チッ

表 5-3　ICD-10 による分類と例

分類	運動性チック - 音声チック 単純型 - 複雑型		境界は必ずしも明確には定義されていない
単純型		単純　運動性チック	まばたき、首を急速にふる運動、肩をすくめる、しかめ顔
		単純　音声チック	せきばらい、吠える、鼻をすする、シューという音を出すもの
複雑型		複雑性　運動性チック	自分を叩いたり、飛んだり跳ねたりするもの
		複雑性　音声チック	特定の単語を繰り返すもの 社会的に受け入れられない（しばしばわいせつな）単語を使うもの（汚言） 自分の発した音や単語を繰り返すもの（同語反復）

第 5 章　小児科・精神科的な課題への理解と対応　97

ク症」、「持続性（慢性）音声チック症」、「トゥレット症」に分類される。

　実証的な報告は少ないが、経験的にチックの症状と「緊張」「注目」との関連がうかがわれる。止めようと思えば思うほど、症状に注目すればするほど、生じやすい。「やめなさい」と言われれば言われるほど、本人が「いけないことだ」と感じれば感じるほど、生じやすいのである。周りの大人が、本人のためを思って、注意すればするほど、症状が起きやすいという悪循環に陥っている場合が多い。

基本的な対応

　以下のような、チックについての理解を深めることが大切となる。

① 　多くの場合は、成人になるまで続くことはない。自然経過で（とくに何か対応しなくても）改善することが多い。

② 　不随意な現象である。本人の意思とは裏腹に「注意を受けて、素直に止めよう」としても止めることが難しい現象であること、「こんなに注意しているのに言うことをきかない」のではない、「ふざけているわけではない」「わざとではない」ことの理解。

③ 　緊張、注目によって悪化しやすい現象である。症状が起こっているかどうかに注目すればするほど、起こっている時に注意すればするほど、本人が素直に、まじめに、「止めなくてはいけない」と思えば思うほど、症状が起きやすい。家族は心配して、症状が起こっているのか、よくなってきているのかをいつも気にして、子どもの言動、症状に注目していることが多い。

④ 　①②③のような軽いチックの特性を理解し、一方で「何とかしたい」という気持ち、注目せざるを得ない心配は、養育者として当然の平均的な姿である。

⑤ 　症状を軽減するのに役立つ、注目しない、注意しない、怒らない働きかけが、とても逆説的な状態であるので、かなり意識したコントロールが必要である。

⑥ 　①〜⑤までの説明を踏まえて、まず初めに取り組んでみることがで

98　　Ⅱ　支援・援助に結びつく児童生徒の理解

きる働きかけの工夫として、症状に注目しない、見て見ぬふり、を試みてみる。

多くの軽いチックは、家族や教師に①〜⑥が受け入れられて、実践されると、軽減に向かうことが多い。実際は、働きかけの工夫によってではなく、自然経過での軽減によるものかもしれないが、確かめることは難しい。

環境調整

働きかけの工夫がうまくいくためには、チックの起こりやすい環境を調整することも役に立つ。

チックの起こりやすい環境の要因として、緊張、失敗不安があげられる。例えば、宿題がとても多く負担が大きい場合や、少しでも間違えると指摘されてやり直しの負担が大きい場合、本人が失敗に対して許せない感じをもっていて張りつめている場合、運動会や学芸会の練習があり緊張している場合、日直の日の朝の会、終わりの会の司会が心配などのエピソードが語られる。緊張が高ければ高いほど症状が起きやすい場合もあれば、緊張の高い状況にあって、ホッとしてテレビを見ている時などに症状が起きやすい場合もある。

いずれにしても、日常的な状況について振り返り、緊張状態の調節を試みると症状の予防、軽減に有効である。

文　献
融道男・中根允文・小見山実・岡崎祐士・大久保善朗　2005　ICD-10　精神および行動の障害――臨床記述と診断ガイドライン新訂版. 医学書院

5　摂食障害

困難に気づく視点と初期対応

　摂食障害対応指針（2017）では、健康診断の身長・体重の結果から肥満度−15％をめやすに、「他の児童・生徒より密に経過を見る」ことを示している。また、肥満度−20％をめやすに、昼食の量、昼食時に孤立していたり、昼休みに保健室や図書室に頻回に来室していたりしていないか、授業中に以前より活気がなくなっていないか、体育の時間に体力が落ちた様子や孤立した様はないか、急に無理な勉強計画を立てて頑張りすぎていないか、部活動で孤立していないか、急に過剰なトレーニングをやっていないかなど、担任や学年の教員が留意する視点をあげ、段階的な対応を示している。該当する項目がある場合は、本人や保護者に、教職員から心配な点を伝え、保健室や SC に相談に行くことを勧めるなどの対応を工夫する、とされている。

　摂食障害の初期症状にある子どもは、明るく、元気、頑張り屋、活動的な印象の場合も多い。また、本人の困り感も少なく、周りの大人は気づきにくい。体重の推移に注目して、早期の対応を念頭におきつつ見守ることが大切である。

　また、肥満度以外の観察項目として、学期ごとの身体測定で体重が増えない、前回の測定時より 5kg 以上の体重減、それまでの成長曲線から明らかに外れているなどの場合も、保護者に伝え、保健室、SC への相談、医療機関への受診を勧めたりすることが必要になる。医療機関への受診、とくに精神科への受診については、躊躇する場合も多い。受診すべきと決めつけるのではなく、本人や保護者の意向、困り感などに耳を

100 　Ⅱ　支援・援助に結びつく児童生徒の理解

傾けながら、状況を説明し、まずは健康状態の確認の意味でも小児科受診を勧めるのがよいだろう。

摂食障害のタイプ

　摂食障害は、遺伝的要因や出生前・後のさまざまな環境要因が複雑に関係している疾患である。多くの場合、「太った？」と声をかけられたこと、体重制限の求められる習い事（バレエ、新体操など）、やせているアイドルへのあこがれなど、ちょっとした引き金からダイエットを始め、最低限の体重（標準体重の85％くらい）を維持することができないくらいの食事制限を続けてしまう。ある時点から自分の意志では摂食をコントロールすることができなくなり、病気に発展する。

　摂食障害は、いくつかのタイプに分かれているが、小学生から中学生では、ほとんどが神経性やせ症である。

（1）神経性やせ症 / 神経性無食欲症

　摂取カロリーを制限し、やせが持続する。はじめは、ダイエットがうまくいったと感じ、達成感、高揚感を抱き、低体重以外は元気にみえる場合も多く、見逃されやすい。しかし、次第に太ることに強い恐怖をもち始め、体重増加を妨げる行動（食事制限、ランニング、筋トレなど）を懸命に続ける。やせているのにちょうどいい、あるいは太り過ぎていると感じる極端なボディイメージと、体型が自己評価や自尊心に大きく影響する心性があることが多い。カロリーや体重に対する大きなこだわりは、慢性の低体重（飢餓）から生じている生理的症状とも考えられる。また、年少者ではやせ願望や肥満恐怖、極端なボディイメージが明確でない場合もあり、見逃されやすい。はじめは食事制限や運動でやせていくが、約半数の患者に、途中からコントロールできない過食や嘔吐、下剤乱用などが始まる。

　小学校低学年の場合、食事摂取不良は神経性やせ症というよりも、ストレス反応性の食思不振、嚥下恐怖、嘔吐恐怖によることもある。

（2）神経性過食症 / 神経性大食症

短時間に大量の食物を食べ、自分ではコントロールすることが困難な過食を繰り返す。体重が増えないように食べたものを嘔吐することや、下剤の乱用、食事制限や絶食、過度の運動などの不適切な代償行動を繰り返す。神経性やせ症と同様にやせ願望や肥満恐怖、自己評価が体重・体形の自己評価に過度に影響するなどの特徴を備えている。

対応

事例　過食をやめられない中２のＣさん

Ｃさんは最近、何かに集中していると食べずにいられるが、そうでないと食べたい気持ちをおさえられず、納得いくまで食べ続けてしまう。食べた後はひどく後悔し、落ち込み、体重をどう減らすかばかり考える。吐いたり、下剤をのんだりしたが、口の中が荒れ、胃腸の調子が悪くなるので避けるようになった。夕方6時以降は食べないと決め、食べずに朝まで過ごせると少し気持ちが楽になるが、朝まで持たずに食べてしまい、後悔することが多かった。食べずに我慢する、我慢できず食べてしまう、の繰り返しで疲れきっていて、学校では授業に集中できない様子が続き、担任が心配し、SCに頼んで、Ｃさんに声をかけてもらった。

SCは、Ｃさんの気持ちを丁寧に聴いた後、以下を提案。①動揺が少ない評価の方法を決める（SCと一緒に体重を測り、家では測らない）、②どうしたらいいかを具体的に考える（今より体重を増やさない）、③「全く食べない」をやめる、④1回の食事のカロリーを抑え、1日3回食事をとる、⑤よく噛む、⑥食物繊維、甘くない水分の摂取。実現可能なダイエット方法を共に考え、全く食べないことを減らしたことで衝動的に食べたくなる頻度、程度は下がり、落ち込みも少なくなった。

対応は始まったばかりで、医療機関の受診を含め、さらにいろいろな課題に取り組む必要があるが、少し困難を軽減することができている。

神経性やせ症は、生命の危機につながる場合もあり、本人の様子から

102　Ⅱ　支援・援助に結びつく児童生徒の理解

は深刻さに気づくのが難しいため、体重の推移をよく観察し、肥満度をめやすにして、心配な場合は、健康状態を確認するために小児科受診を念頭に、対応が遅れないように相談をすすめる。

　状態によっては、入院治療となる場合もある。まずは生命の維持を確認する。次に必要なのは、危険な状態を本人と家族に対して合理的、具体的に説明し、治療に向けた動機づけを行うことである。そのためには、心拍、成長曲線など、客観的な資料を用いながら説明したり、体重を増やすことが目標なのではなく、健康的に体重を減らすことが目標であることを伝え、本人の意向に反するものではないことを確認することが有効である。家族の支援において、心配のあまり、食事に関する過度の干渉が見受けられる場合は、食事、体重などへの過剰な干渉を緩めてもらうよう相談する。

　神経性過食症で過食・嘔吐が繰り返されている場合は、一見体重の変化はみられず、対応の遅れにつながりやすい。信頼関係を基盤として、困り感、食生活をめぐる悩みなどについてじっくり話を聴く必要がある。また、抑うつ、不安、強迫的な傾向などへの精神科的なケアや、背景に発達特性、生育歴や家族環境の影響への対応が必要な場合もあり、精神科、心理カウンセリングなども念頭にいれて、相談をすすめたい。

文　献

日本総合病院精神医学会　児童・青年期委員会（編）　2016　子どものこころの診療ハンドブック　日本総合病院精神医学会治療指針7.　星和書店

摂食障害に関する学校と医療のより良い連携のための対応指針作成委員会（代表者 安藤哲也）（編著）　エキスパートコンセンサスによる摂食障害に関する学校と医療の より良い 連携のための 対応指針 小学校版 2017.　http://www.edportal.jp/pdf/primary_school.pdf（2018年5月1日閲覧）

十一元三　2014　子供と大人のメンタルヘルスがわかる本　精神と行動の異変を理解するためのポイント40.　講談社

6　自傷

理解を深める視点

　自傷行為は、意図的に自らの身体を傷つける行動で、リストカットをして保健室で手当てをしている生徒にときどき出会う。中学生・高校生の約1割（男子7.5％、女子12.1％）に「経験がある」と報告されている（Matsumoto & Imamura, 2008）。しかし、学校が把握している自傷行為をする生徒の割合は0.33〜0.37％（日本学校保健会, 2015）と、周りの大人は、気づいていないことが多い。

　自傷行為の背景には、なんらかの困難、苦痛が存在し、自分の力では対処しきれない状況がある。おそらくそれまでの経験から「誰かに助けを求めてもどうにもならない」という考えの中、困難、苦痛を自分だけで少しでも和らげる方法のひとつとして、自傷行為が選択されている。目立とうとしている、気を惹こうとしていると受けとめられやすいが、自傷行為のほとんどが一人きりの状況で行われ、周囲の誰にも告白されない。したがって、自傷の報告や相談は、子どもがなんらかの可能性を感じ、SOSを発しているととらえて対応したい。

　また、自らの体を傷つける行為に遭遇すると、自殺の危険性が頭をよぎることもあろうが、初期の段階では死ぬことを目指しているわけではない。耐え難い心の痛みをなんとか一瞬だけでも和らげようとする行為である。傷口は痛々しいが、本人は痛みをあまり感じていないことが多く、「ぽーっとして気持ちが和らぐ」「すっきりする」などの効果を得ている。また、心の痛みを身体の痛みに置き換えるなど、苦痛を伴う記憶や感情的苦痛から意識をそらし、それらを封印する機能もある。

自傷行為は、一時的に苦しみを和らげるための行為であるが、背景にある問題、困難は残ったまま解決されない。自傷行為を繰り返しても結局何も進展しない、状況を変えることができない状況が続くと、無力感を抱き、長期的には自殺につながることも多い。

対応

事例　母親ともめるとリストカットしてしまう中2のDさん

　たまたま保健室に来室したDさんの腕にリストカットの傷跡がみとめられ、養護教諭がSCに相談。SCがDさんに相談室にくるよう、声をかけたところ、次のようなことが話された。

　弟がしつこくかまってくるので、怒りたくなる。相手にしないようにしていると、「弟にはやさしくしなさい」と母親に責められる。イライラして母親に怒鳴ってしまうと、母親は泣いてしまい、ダメな母親と自分を責め始める。そうなると、どうすることもできず、つらくなり、リストカット……。友人とは、ゲームを通してしかつながっていない。母からは「ゲームしすぎ」とスマホを取り上げられた。友人からは、ゲームに参加しないことを責められる。どうすることもできず、つらくなり、リストカット……。リストカットした時のことを詳しくは覚えていない。痛みはあまり感じない。むしろ、スッキリする感じ。つらさが和らぐ。

　SCは、話してくれたことを労い、次のような対応をした。

① 　板挟みになって、リストカットしないと何ともならないくらい、つらい状況があることについて、よく話を聴く
② 　具体的に板挟みを解消できる方法を一緒に工夫する。例えば、「弟と遊ばなくてもいい」ことを母と取り決めてもらう、スマホを取り上げられていることを、友だちに伝えるセリフを考える、など
③ 　リストカット以外で、つらさをやり過ごす方法を工夫する。例えばゴムパッチン、腹式呼吸、など

　Dさんは、母親に板挟みになっているつらさを話すことができ、その後、母親が前より弟に対応してくれるようになった。また、スマホが

第5章　小児科・精神科的な課題への理解と対応　*105*

ないことを友人に伝えることができて、少しイライラしなくなった、との報告がDさんからあった。「でも、こんな状況がいつまでも続くかと思うと、どうでもいいと思ってしまうこともある」と語られた。

そこで、しばらくは定期的に相談室にくることをDさんと約束し、SCは、担任、養護教諭とDさんの状況を共有。Dさんの様子を複数の目で注意して見守ることを確認した。

自傷行為を周りの大人が気づいたり、相談されたりすることは非常に少ない。まずは、「周りの大人はSOSを発すると受けとめてくれる」と感じる関係づくりの準備段階が必要である。そして、SOSを少しでも察知したら（そのSOSは非常に小さくみえにくいかもしれないが）、話を聴く準備があることを言葉・態度・表情で示し、かかわりを試みる。子どもはそれまでの経験から、あきらめが早いことが多い。子どもがあきらめかけても可能性があることを信じてもらえるよう、働きかけを続けることが大切である。

自傷行為に遭遇すると、どう対応してよいものか、ひるんでしまいやすいが、怖がる、怒る、叱責する、拒絶的な態度、過度の同情、悲しげな顔、見て見ぬふり、などは不適切である。「冷静な外科医のような態度」、すなわち、穏やか、かつ冷静に傷の観察をし、必要な手当てを粛々と丁寧にこなす。そのあとで自らを傷つける背景にはどのような困難な問題があるのか、冷静に推測をめぐらせるような態度が望ましい。

さらに、見える傷の背後に「見えない傷」があることを心得、トラウマ体験の加害者と似た対応「権威的」「管理的」「過保護・過干渉による支配」にならないよう心がけ、「支配／被支配」の関係に陥らないように配慮したい。

最終的には本人が、穏やかな言語表現で怒りを表現できるようになる必要がある。そのプロセスのひとつとして、支援者に対する怒りを意義あるものとして受けとめることが求められる。支援者への怒りがあらわされた時は、トラウマ体験の加害者とは異なり、怒りを表現しても怒らない人として支援者をとらえているという点でひとつの進歩と受けとめ

たい。同様に自傷行為をする児童生徒がしばしば言う嘘に対して、否定するのではなく、自傷や解離を手放す過程として「無意識的に、つらかったことをなかったことにする」ことから「意識的に嘘を用いて、つらかったことをなかったことにする」ために嘘が必要だったことを理解して対応したい。

　また、自殺念慮に対しては、説得や議論をするのではなく、「『死にたい』くらいつらいが、苦痛が少しでも減じるのであれば、本当は生きたい」というメッセージとして受けとめ、その困難を軽減するという目的を共有する関係を結べるように試みてほしい。

文　献

Hawton K., Rodham K. & Evans E.　2006　*By their own young hand: Deliberate self-harm and suicidal ideas in adolescents.* London: Jessica Kingsley Publisher.（松本俊彦・河西千秋（監訳）　2008　自傷と自殺——思春期における予防と介入の手引き．金剛出版）

松本俊彦　2012　第108回日本精神神経学会学術総会　教育講演　自傷行為の理解と援助．精神神経学雑誌，114（8），983-989．

松本俊彦　2014　自傷・自殺をする子どもたち．合同出版

松本俊彦　2015　子どもの自殺と自傷行為．児童青年精神医学とその近接領域，56（2），159-167．

松本俊彦　2016　自分を傷つけずにはいられない！その理解と対応のヒント．児童青年精神医学とその近接領域，57（3），409-414．

Matsumoto T. & Imamura F. Self-injury in Japanese Junior and Senior high-school students　2008　Prevalence and association with substance use. *Psychiatry Clin Neurosci*, 62 , 123-125.

日本学校保健会　2015　保健室利用状況に関する調査報告書18年度調査結果．日本学校保健協会

COLUMN　「一人」でいることは悪いこと？

　「友だちができない」ことは、大きな悩みのひとつである。しかし、現代の子どもたちの精神的な疲労は、「気の合わない友だちと合わせる」ことからもきている。極端な場合は、悪口を言ってくる友人の言うことを聞かないと仲間外れにされるので、自分の意に反して、その友人の言うことを聞いて、別の友人を仲間外れにする……などのことが起こっている。いつ自分がいじめのターゲットになるか、いつ友人の意に沿わないことを行って逆鱗に触れてしまうのか、とびくびくしながら学校生活を送っている。その精神的な負担は大きく、ひいては、身体症状、うつ状態、慢性疲労などの状態を引き起こす可能性もある。

　子どもたちに伝えたい。「一人は悪いことではない。全員と友だちになるは不可能なことである」、と。

　「一人でいると、友だちがいないと思われる」「一人でいると、変な子だと思われる」との偏った考え、文化を修正し、たとえ一人で行動していても大丈夫という緩やかな社会を提供したい。

　さらには、何かをしなくても強制されることがなく、自分が感じていることを率直に伝えられる雰囲気があり、意見が食い違っていても受け入れてくれるお互いを認め合える仲間の中で「楽しい」友人関係が体験できる環境を提供したい。

Ⅲ 学校心理学にもとづく教育相談の実際

第6章

事例に学ぶチーム学校による援助
——現代的な課題を中心に

　教育相談を行っていると、対人交流が苦手な子どもたちに出会うことが非常に多い。自分を表現したり、他者を理解したりするスキルが低く、人間関係に困難を抱えてしまい、同年代の子どもたちから成る集団に適応することができなくなっている、というパターンがよく見られる。

　子どもたちは、自分の内面に起こっている感情をうまくとらえることが十分にはできない。だからこそ、その子どものなんだかわからない気持ちを周囲の大人たちがうまくとらえ、本人に伝え返したり、場合によって援助につなげたりすることが必要である。そうすることで、子どもたちは「今感じている気持ち」についてとらえ直し、表現できるようになっていく。自分を理解してもらうと自己を自由に表現することができ、自己理解を深めていくことができる。さらに、自己を受け入れてもらい満たされることで、他者を理解する余裕が生まれ、他者との関係をうまく結んでいくことができるようになる。

　本章では、底流に人間関係の未熟さがあると思われる8つの事例（架空事例）を取り上げ、学校心理学における「チーム援助」の視点を取り入れた対応を解説する。

1 不登校

現状と課題

　不登校は、「連続または断続して年間 30 日以上欠席し、何らかの心理的、情緒的、身体的あるいは社会的要因・背景により、児童生徒が登校しないあるいはしたくともできない状況である（ただし、病気や経済的な理由によるものを除く）」と定義されている。平成 30 年度の文部科学省の調査で、全国の不登校児童生徒数は、小学校 30,448 人（0.47%）、中学校 103,235 人（3.01%）、高等学校 48,565 人（1.46%）で、増加傾向にある。近年不登校の問題は複雑・多様化し、児童生徒一人ひとりに合わせた対応が不可欠である。

　不登校への対応は急務であり、学校をはじめとする教育機関において、家庭訪問や保健室等での別室指導など、さまざまな援助がなされている。

事例　不登校の解消に向かった中 3 女子生徒 A さん

(1) 経緯

　A さんは、中学校 1 年生の 9 月の夏休み明けから登校日数が少なくなっていた。2 年生になり、保護者が呼びかけても 1 日中部屋から出てこない日が増え、3 年生の 4 月から完全不登校状態となった。そこで、チームによる援助が開始された。

(2) チーム援助の過程

　担任からコンサルテーションを依頼された学年主任が、校長、担任、養護教諭、SC によるチーム会議の場を設定した。その後、次のような過程で援助を行った。

【第 1 回】（参加者：校長・学年主任・担任・SC・養護教諭）

　主な援助案として A さんの家族や友人などの援助資源について参加者全体で情報の共有をした。A さんの現在の状況を把握するために担任による家庭訪問と保護者に教育支援センターでの面接を勧めることに決まった。

【1 回目から 2 回目の経過】

　A さんの保護者は、学校側の提案に賛同し、教育支援センターでの面接を開始した。しかし、担任の家庭訪問では A さんは部屋に引きこもっていたため会えなかった。A さんは保護者との会話の中で、学校についての話題は避けるようになった。

【第 2 回】（参加者：学年主任・担任・SC・養護教諭・相談員・保護者）

　保護者が教育支援センターに通うようになったため、保護者と教育支援センターの相談員にもチーム会議に加わってもらうことにした。

　担任は A さんの状況から家庭訪問を中止し、A さんの居場所をつくるため、受容的な学級集団づくりに全力をあげることとした。

　また、保護者が A さんに教育支援センター内にある適応指導教室への来室を勧めても同意が得られなかったため、まずは A さんの心の安定を図るようにした。保護者には A さんへの登校刺激になる話題を少なくするように依頼し、A さんが休日に家族と触れ合う時間を増やすことが話し合われた。

【2 回目から 3 回目の経過】

　A さんは安心して家族とかかわれるようになり、学校に関する話題についても避ける様子はなくなった。少しずつリビングでゆったりすることや外出もみられるようになるなど、回復の兆しがみられた。

【第 3 回】（参加者：学年主任・担任・養護教諭・SC・相談員）

　この時点では A さんとの関係を直接もてる相手が家族しかいなかっ

た。そこで、本人へのアプローチとして学生ボランティアの派遣や、学校の親しい友人と LINE で連絡をとっている様子もあったため、友人とかかわることを目的に手紙で保健室登校に誘うことが検討された。

【3回目から4回目の経過】

その後、Aさんは保健室に登校し、友人たちとの会話を楽しむ様子やオセロなどゲームを楽しむ様子もみられた。保護者が教育支援センターに行く時には、Aさんは保健室登校をするようになり、徐々に登校回数は増えていった。

【第5回】（参加者：学年主任・担任・SC・相談員・学生ボランティア）

Aさんの様子から、学校の保健室に登校することや親しい友人と会うことに、問題はないことが確認できた。また、避けてきた学校の話題を自分から口にすることができるようになっていた。そこで、Aさんの様子を見ながら担任の家庭訪問を行うことが検討された。

（3）全5回のチーム会議後の経過

担任によるその後の家庭訪問では、会話は少ないもののAさんと話すことができ、Aさんが好きなこと（ゲームやオセロ）を通して、Aさんと担任の心の交流を図ることができた。3年生の4月から完全不登校であったAさんは友人との交流や担任とのかかわりを続けた結果、ひさしぶりに学級に復帰することができた。さらに、友人との関係から部活動に興味を示すようになったため部活動顧問との連携をとりながら支援（部活動への参加）が継続された。部活動が登校意欲につながったためか、登校日数は格段に増えていった。欠席や保健室登校もごくわずかになり、現在、高校進学に向けて意欲的に学習に取り組んでいる。

対応のポイント

チーム援助により、不登校の児童生徒に十分に対応することができる。その際に、教師と多様な専門性をもつスタッフ（心理職、福祉職等）がひとつのチームとして、それぞれの専門性を活かして、連携、協

働する必要性がある。校長のリーダーシップのもと、教師や心理職、福祉職などの専門スタッフが、児童生徒や家庭、場合によっては専門機関との連携を踏まえ、チームとして取り組む体制を整備することが重要である。

　チーム援助を行うにあたり、「石隈・田村式援助チームシート・援助資源チェックシート」（p. 36）や「生徒理解・教育支援シート」（茨城県教育研修センター，2017）を用いることにより、Aさんの事例のように、部活動顧問や養護教諭というAさんにとって重要な援助資源を発見できる。援助対象の児童生徒の自助資源や状態を把握し、援助ニーズに応じた援助が可能となる。

　また、チーム援助を開始するまでに、児童生徒たちの状態に素早く気づくための体制づくりも本事例の重要な要素となっている。例えば、毎日の欠席・遅刻・早退の状況を全教職員で把握するため、学年ごとのホワイトボードの活用がなされていた。

　不登校が生じない学校づくりも重要である。例えば、一次的援助サービスとして、学校生活スキルの獲得などの開発的援助サービスを行い、子どもたちの能力を伸ばしたり、苦手だと思う場面を乗り越えやすくしたりすることは不登校の予防としても有効であろう。

文　献

茨城県教育研修センター　2017　平成28・29年度　教育相談に関する研究．茨城県教育研修センター教育相談課

文部科学省　2018　児童生徒の問題行動・不登校等生徒指導上の諸問題に関する調査．

田村節子・石隈利紀　2003　教師・保護者・スクールカウンセラーによるコア援助チームの形成と展開——援助者としての保護者に焦点をあてて．教育心理学研究，51（3），328-338.

山口豊一・松嵜くみ子・荒嶋千佳・奥田奈津子・久野優実　2016　対人関係に関するソーシャルスキル・トレーニングの介入研究——中学生を対象として．子どもの健康科学，16（2），27-33.

山崎勝之・戸田有一・渡辺弥生　2013　世界の学校予防教育——心身の健康と適応を守る各国の取り組み．金子書房

2　SNS、LINE によるいじめ

現状と課題

　近年スマートフォンなどの情報端末が浸透し、児童生徒にとって、インターネットやメールは身近な存在になり、いじめなどに用いられることもある。文部科学省は「ネット上のいじめ」に関する対応マニュアル・事例集を作成し、メールなどを用いたいじめへの対応を示している。また、いじめの態様として「パソコンや携帯電話等で、ひぼう・中傷や嫌なことをされる」ことの有無を調べた文部科学省（2017）の調査結果によれば、小学校における認知件数は、2015 年 2,075 件、2016 年 2,683 件、中学校における認知件数は、2015 年 4,644 件、2016 年 5,723 件である。インターネットを介したいじめは増加傾向にある。

　インターネット上のコミュニケーションは、Social Network Service（以下、SNS）を用いることが主流になってきた。さまざまな SNS の中でも、LINE は子どもたちに広く普及している。15 ～ 64 歳の約 4,000 名を対象とした調査（リスキーブランド，2017）によると、SNS の中で LINE のアクティブユーザー（日常的に活用している人）は全年齢の 48％と突出しており、15 ～ 29 歳においては 69％に至る。LINE は若者のコミュニケーションツールとして日常に密着している。

事例　LINE を用いたいじめ

　B さんは、クラスの友だち C さん、D さんと 3 人の「友だちグループ」で、その中でも C さんととくに仲がよく、帰宅後も寝るまでずっと C

114　Ⅲ　学校心理学にもとづく教育相談の実際

さんと LINE をして過ごしていた。しかし、夏休みが終わって、急に C
さんと D さんから無視されるようになった。とくに C さんは、B さん
に全く話しかけず、グループ LINE でも個人 LINE でも未読スルーす
るようになった。それから、B さんは教室ではいつも一人で過ごすよう
になった。気持ちが落ち込み、家ではいつも泣いていた。母親や先生に
は言えずにいた。約 1 か月後、SC から声をかけられ、「最近一人で過ご
していることが多いけど、困っていることはないか」と尋ねられ、B さ
んは、C さん、D さんとの友だち関係に悩んでいることを話した。SC
に話したことで、気持ちを整理できた B さんが思い切って C さんに理
由を尋ねたところ、D さんが情報を操作して C さんとの関係を阻害し
ていたことが発覚した。

　D さんは C さんと仲良くなりたくて、B さんが邪魔だったという。
たまたま B さんが既読スルーをしたことをきっかけに、D さんは C さ
んとの個人 LINE で「B はワガママだ」「B が他のグループ LINE で C
さんの悪口を言っている」と送り、B さんと C さんに関係を悪くする
ように仕掛けていたことが明らかになった。

　この事例は、担任が友だち関係の変化に気づき、SC に相談をして、
SC から B さんに話しかけてもらうことにより、援助につながった。担
任と SC による「チーム援助」が機能した事例である。

SNS を介したコミュニケーションの問題

　SNS は、対面のコミュニケーションと異なり、相手が見えないため、
自己中心的思考が高まりやすい。LINE のような基本的に短い文章でや
りとりをする SNS では、より相手の気持ちを推察しにくくなることが
考えられる。LINE の特徴として、通知だけ読んだり、まったくメッセー
ジを読まなかったりする「未読スルー」や相手が送ったメッセージを読
んで返信しない「既読スルー」があり、本事例においても問題点のひと
つとなっている。既読スルーは、子どもたちの間で失礼極まりない行為
とされ、事例の B さんの既読スルーも、本人の意図しない過剰な受け

とられ方をされており、悪口などが横行しやすくなる。加えて、B さんは D さんの嘘の情報により C さんとの関係を悪化させられている（関係性攻撃によるいじめ）。このような誤解や行き違いは SNS でコミュニケーションをしている多くの児童生徒が悩むことだろう。

　対策のひとつとして、兵庫県の X 中学校生徒会によって作成された「X中学校ネット（SNS）利用の 11 か条」（文部科学省, 2017）を紹介する。

第 1 条　22 時〜 6 時はメール、SNS などの返信はしない。

第 2 条　悪口を書かない（言葉を考えて投稿する）。

第 3 条　個人情報（本名や住所等）が洩れないようにする。

第 4 条　友人の写真を許可無く載せない。

第 5 条　アプリなどをダウンロードするときは、利用規約を確認する。

第 6 条　有害なサイトを見ない。

第 7 条　ネット内で知り合った人と会わない。

第 8 条　迷惑メールは来たら消す。

第 9 条　投稿した情報は消せないということを意識する。

第 10 条　パスワードは分かりにくいものにする。

第 11 条　食事中や家族といる時は携帯などに極力さわらない。

　このネットマナーは生徒会を中心にアンケート調査を行い、生徒が守れるルールを検討して作成されたものである。一次的援助サービスとして、クラスでネットマナーについて話し合ったり、ルールをつくったりすることは有用であろう。

対応のポイント

　B さんの事例のように、いじめのような被害・侵害を受けながらも友だち関係を続けていかなければならない、続けていきたいと思うこともありうる。そのような場合、相手に対する怒りを抱えながらかかわっているだろう。怒りが長引くことは、攻撃性を助長し、人間関係を悪化さ

116　Ⅲ　学校心理学にもとづく教育相談の実際

せ、心身の健康に害をもたらす。関係を継続していくには、怒りを長引かせずに適切に低減させる方法の開発が心身の健康を保つうえで重要な課題となる。

　怒りを鎮静化する重要な要素のひとつに、"Forgiveness" がある。"Forgiveness" は「許し・ゆるし」と訳され、「ゆるし傾向性」としてとらえた研究では、ゆるし傾向性が友人や教師との関係、学校享受感等の学校適応感に影響を与えていることが、明らかにされている。許しやゆるし傾向性は、いじめなどによって生じる怒りを鎮め、お互いの関係を修復するための一助であり、いじめの予防となる。

　ゆるし傾向性を児童生徒に育てることは、児童生徒一人ひとりの人間関係を培い、学校適応感を促進することになり、学校心理学の視点からいえば一次的援助サービスとなる。また、いじめで友人に対する不快な感情を抱いた場合、それを攻撃性につなげるのではなく、ゆるしの傾向性をもつことは、いじめによって生じる怒りを鎮め、お互いに人間関係が崩れるのを防ぐ機能をもつ。その観点からすると、予防的機能の二次的援助サービスとしてもとらえられる。

文　献

石川満佐育・濱口佳和　2010　中学生におけるゆるし傾向性と学校適応感との関連の検討. カウンセリング研究, 43（2）, 120-130.

三浦麻子・相川充・高井次郎　2010　コミュニケーションと対人関係. 誠信書房

文部科学省　2017　「児童生徒の問題行動等生徒指導上の諸問題に関する調査」における「いじめ」に関する調査結果について.

文部科学省　2017　情報モラル実践事例集 2015.

関口雄一・濱口佳和　2015　小学生用関係性攻撃観尺度の作成──2種類の攻撃性との関連の検討. 教育心理学研究, 63, 295-308.

竹内和雄　2014　家庭や学級で語り合う　スマホ時代のリスクとスキル──スマホの先の不幸をブロックするために. 北大路書房

渡辺俊太郎・小玉正博　2001　怒り感情の喚起・持続傾向の測定──新しい怒り尺度の作成と信頼性・妥当性の検討. 健康心理学研究, 14（2）, 32-39.

3　ネット、スマホ依存

現状と課題

　インターネットが普及したことにより、現代では多くの情報やタブレット端末などの情報携帯端末、情報通信ネットワークが浸透している。現代の子どもたちは、効果的に社会に参加するために、情報にアクセスし、評価・管理し、新たに理解を深め、他者とコミュニケーションすべく、一人ひとりが適切に ICT（Information and Communication Technology：情報通信技術）リテラシーを身につけていかなければならない。

　最近では小学生のうちからスマートフォンを持ったり、保護者の端末を使用したりする。総務省「平成 28 年通信利用動向調査」では、6 ～ 12 歳におけるインターネット利用状況は 82.6％で、5 年前（平成 23 年は 61.6％）と比較して低年齢層におけるインターネット利用率が大きく上昇している。

　このような中、ネット依存やスマホ依存は社会問題となっている。ネット依存やスマホ依存は、オンラインゲームやアプリを使用したスマホゲーム、インターネットまたはアプリでの動画視聴と関連する。2017 年に調査された「第 10 回未成年の携帯電話・スマートフォン利用実態調査」（デジタルアーツ，2017）では、携帯電話／スマートフォンを使用してから経験した問題として、男子高校生 21.4％、女子高校生 20.4％が「学校の成績が落ちてきたと注意された」と回答し、前回調査（2016 年）の割合（男子高校生 19.4％、女子高校生 9.7％）を上回っている。このデータからも、インターネットやスマートフォンの使用によるリスクを回避

するために、児童生徒に対するICTの適切な使用方法の教育を充実させ、ICTリテラシーを育成することが喫緊の課題であるといえる。

事例　スマホを手放せなくなった中学2年生Eさん

(1) 概要

　Eさんはインターネットに詳しく、友人たちからパソコンやスマートフォンの操作や、インターネットでのソーシャルネットリークゲーム、スマホアプリのゲームなどで頼りにされていた。そのようなことから、Eさんは、さらにネットの世界にのめり込んだ。食事もパソコンの前でとり、お風呂にもスマートフォンを持ち込んでいた。勉強はしている様子がなく、心配した母親はスマートフォンを強引に取り上げた。するとEさんは「ふざけんな！」「返せ！」と暴れ、母親に暴力を振るい、スマートフォンを取り返した。その後は、学校から帰ったらすぐにパソコンのある自分の部屋に閉じこもり、母親との会話はほとんどなくなった。

(2) 見立てと対応

　思春期の中学生によくあることと思いながらも心配した母親は、学校に相談しようと担任に連絡をとり、SCと3人で面接をすることになった。面接では、Eさんの成績が落ち込んできていること（学習面）、Eさんが自身の気持ちがわかっていないこと（心理面）、家族仲は険悪だが、友人とは今まで通り仲がよいこと（社会面）、このまま勉強がおろそかになると、進学への心配もあること（進路面）、今のところ食事は欠かさないが、パソコンやスマートフォンばかり見ていて視力が落ちている可能性があること（健康面）などが話された。また、あまり子育てに積極的でない父親も、今後はEさんの援助資源として援助にかかわることも考えられた（役割的ヘルパー）。

　その後、担任とEさんのやりとりや、SCとEさんの面接により、Eさんはパソコンやスマートフォンが好きで、それらについて友人から頼られるのも嬉しかったため、母親からスマートフォンを取り上げられた

第6章　事例に学ぶチーム学校による援助──現代的な課題を中心に

時、友人関係に影響があるのではないかと、パニックになったということがわかった。SC はこのような E さんの話を受容しつつ、E さんにパソコンやスマートフォンを使用するうえでのデメリットを伝えた。E さんからは、将来その技術を活かすためにも今は勉強にも取り組む、という意思がみられるようになり、母親の働きかけにより、父親も E さんに積極的にかかわるようになったと報告された。

対応のポイント

(1) 予防教育（一次的援助サービス）

児童生徒へのインターネットやスマートフォンの利用に関する教育は急務である。しかし、教える側の大人たちが、教育すべき内容をよくわかっていないことも多い。深刻な問題が生じる前に、予防として、スマホやネットとのつき合い方を学ぶことが必要だろう。以下、「スマホ時代に子どもたちに伝えるべきこと」（竹内，2015）をあげる。

① 「大変なことになる」（重大性告知）

スマートフォン漬けの子どもは、新聞を読まない、テレビを見ない、親と話さないなどの特徴があり、限られた情報だけしか入っていない可能性がある。自分に都合の悪い情報は遮断できるため、大人の常識はなかなか伝わらない。大人たちは一方的に上から伝えるだけでなく、受容的・共感的に伝えるとよい。

② 「必ずばれる」（匿名性否定）

子どもたちは「ネットは匿名」だと確信している。友だちだけの密室でのやりとりと思い込んでいるが、実際はそうではない。子どもたちに具体的なトラブル例を注意とともに示すと効果的である。

③ 「相談にのる」（相談先明示）

子どもたちは、「ネットで困っても先生や親には相談できない」と話す。保護者から一方的にスマートフォンを取り上げられるだけで相談もできずにいると、根本的に問題が解決しない例もある。学校の先生や相

談機関を明示することで、ネット上でのトラブルはもちろん、「なぜネットやスマホに依存するに至ったのか」という話題にも触れることになり、根本的な問題の解決につながる。

（2）二次的、三次的援助サービスにつなげるために

インターネットやスマートフォンの問題に直面している児童生徒に対応する時は、まずしっかりと子どもたちの気持ちを受けとめることが重要であり、どうしたらいいか、子どもに寄り添いつつ相談にのり、助言しながら進めるとよい。

また、解決のためには、チーム援助も有効な手段となる。子どもたちはこのような問題に対して「相談しづらい」と感じているし、大人は「よくわからないから指導できない」という。チーム援助のシステムが構築されていれば、「自分はスマホのことはよくわからないけれど、知っている人を知っているからいつでも相談してください」と伝えることもできる。現代的な問題だからこそ、この問題を支えるシステム構築が必要である。

文　献

デジタルアーツ株式会社　2017　第10回未成年の携帯電話・スマートフォン利用実態調査.
　　http://www.daj.jp/company/release/common/data/2017/030101_reference.pdf（2018 年 4 月 4 日閲覧）

石川結貴　2017　スマホ廃人．文藝春秋

総務省　2017　報道資料　平成28年通信利用動向調査の結果．http://www.soumu.go.jp/johotsusintokei/statistics/data/170608_1.pdf（2018年4月4日閲覧）

鈴木二正　2018　AI時代のリーダになる子どもを育てる——慶応幼稚舎ICT教育の実践．祥伝社

竹内和雄　2015　スマホ時代の大人が知っておきたいこと　四つの事例から考える．教育と医学，63（1），52-58．慶應義塾大学出版会

4 暴力行為

現状と課題

　思春期を生きる子どもたちの暴力については、いつの時代も重要なテーマである。文部科学省が発表した平成28年度「児童生徒の問題行動・不登校等生徒指導上の諸課題に関する調査」によると、小・中・高等学校における暴力行為の発生件数は、前年度と比較して、小学校では増加し、中学校・高等学校では減少している。各学校種における暴力行為の発生件数は表6-1の通りである。

　同調査の1,000人当たりの暴力行為発生件数（図6-1）をみると、中学校での暴力行為が目立つ。また、平成27年度を境に、高等学校より小学校での暴力行為発生件数が多くなり、暴力行為を行う児童生徒の低年齢化がうかがえる。

表6-1　小・中・高等学校における暴力行為の発生件数（件）（文部科学省, 2018）

	平成27年度	平成28年度
小学校	17,078	22,841
中学校	33,073	30,148
高等学校	6,655	6,455
合計	56,806	59,444

事例　友だちに暴力をふるう小学校5年生Fさん

　Fさんは新学年になって数か月後、突然、授業中に友だちに暴力をふ

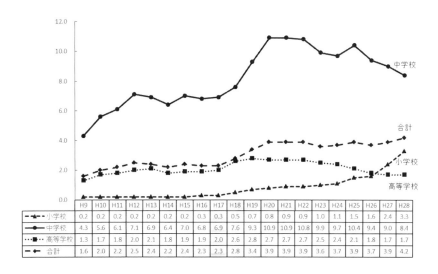

図 6-1 学校管理下における暴力行為発生率の推移（1,000人当たり）（件）
（文部科学省，2018）

るい出した。担任が注意をするも、Ｆさんは担任へ暴言を吐いて暴れ、教室をとび出した。それ以降、Ｆさんは頻繁に暴れて授業を妨害し、宿題もしなくなり、少しでもイラつくと暴力的になった。母親は、学校よりＦさんは病気や障害があるのではと指摘され、Ｆさんとともに SC のもとにきた。まず、SC が母親からＦさんの話を聴くと、以前のＦさんは、勉強は嫌いではなく、むしろできる子であったことや友人とも仲良く外で遊んでいたことがわかった。次に、Ｆさんから話を聴いた。Ｆさんははじめのうち、じっとこちらを見ていただけであったが、次第に話すようになってきた。Ｆさんには仲のよい友だちがいて、皆でチャンバラごっこをしていた時に、担任の先生から注意を受けたのがＦさんのみで、友だちからもＦさんに責任を押しつけられ、とても頭にきたとのことであった。

　SC はこのことをＦさんの許可を得て学校長と共有し、チーム会議を開くことにした。チーム会議には、基本的に教頭、学年主任、生徒指導主事、担任、養護教諭、SC が参加した。

　第１回目の会議ではＦさんの思いや背景を共有し、今後の対応を検

討した。その結果、Ｆさんと折り合いのよい前担任に協力を得ることやＦさんがクールダウンするための部屋を用意する援助策が決定した。また、Ｆさんは外部機関でカウンセリングを受けるため、その機関との連携を行う必要性が話し合われた。

　その後3回ほどチーム会議を行う中で、Ｆさんのイラつきや暴力的になることは少なくなっていた。しかし、Ｆさんの友だちがＦさんへ暴言を吐くことやＦさんから担任への暴言は続いた。

　そこで、4回目のチーム会議を開き、Ｆさんだけでなくほかの子どもたちにも指導を行うこと、担任はＦさんのイラついている様子や言葉遣い等をそのつど注意することは止め、Ｆさんがよいことをした時は見逃さずにほめることが話し合われた。

　その後、Ｆさんは暴言やイラつきも少なくなり、勉強にも取り組めるようになっていった。

対応のポイント

（1）背景を知る

　暴力行為に関する援助を行う際、援助者は子どもが暴力で何を訴えているのか考えると、解決の糸口となりやすい。その場合、訴えたいことを子どもが自覚しているか、していないかにかかわらず、本人のアセスメントが必要である。暴力をふるう子どもたちの中には、殴るのはよくないとわかっているものの殴ってしまう子どもや、被虐待経験や発達障害のある子どもなど、さまざまな背景が考えられる。チームで援助していく場合には、担任や保護者などから学級での様子や家庭環境の情報を得て環境のアセスメントが求められる。そして、学校内だけで援助できるのか、他機関（児童相談所や医療機関など）との連携が必要なのか、見極めなければならない。

（2）よく話を聴く

　背景を知ることと同じく、暴力行為のある児童生徒本人の話をしっか

り聴き、感情を言葉で表現させることが大切である。暴力・暴言をする子どもは、語彙が乏しく、うまく自分の気持ちを言葉で言い表すことができないことが多い。自分の感情（怒りや悲しみなど）を言葉でうまく表現できないために、暴力や暴言で行動化してしまう。援助者は本人の話を共感的に聴くと同時に、「それは悔しかったね」などと意味づけし、その感情は「悔しい」という言葉で表せることを教えることが効果的である。

（3）暴力をふるう児童生徒へのチーム援助

このような場合のチーム援助において、特に担任への支援（例：コンサルテーション）や外部機関とのネットワークを構築して対応することが求められる。暴言や暴力によって担任は、悩んで抱え込んでしまったり、怒りの感情が湧いてきたりすることがあるだろう。その際に、ほかの教師（例：学年主任）が、子どもたちの全体指導をすることや、暴力が発生した際に役割分担して対応する（例：外に出た時は養護教諭が対応）ことでより効率的な援助が可能となり、担任にとっても心理的支えとなる。

学校内のチームだけでは暴力の背景や広がりを十分に把握し、対応することができない場合もある。子どもの抱える問題が多様化・複雑化していることもあるため、児童相談所などの機関やカウンセリングの専門家の介入・支援も必要となる。その際、外部機関とのネットワークをつくり、サポートチームを結成し対応することが必要である。

文　献
上村佳代・山口豊一　2018　学生の感情の気づき、言語化する能力がゆるし傾向性及び学校適応感に与える影響．the 40th annual Conference of the International School Psychology.
片桐力　2015　教師への暴力・暴言にどう対応するか．児童心理，69（11），984-988．金子書房
文部科学省　2018　「児童生徒の問題行動・不登校等生徒指導上の諸課題に関する調査」における「暴力行為」に関する調査結果について．

5　セクシャル・マイノリティ

現状と課題

　人間の性は、男性、女性と簡単に二分できるものではなく、より複雑で社会的な役割を担っており、4つの要素がある。1つ目は、生物学的な性（biological sex）で、医学的に指定された性。2つ目は、性自認（gender identity）で、「私は女性（男性）である」といった、自分の性に対する認識。3つ目は、性役割（sexual role）で、社会的な性、つまり女性／男性らしさ。4つ目は、性的指向（sexual orientation）で、性的関心や恋愛の相手が誰であるのかを問題とする。ここには、LGBT（Lesbian, Gay, Bisexual, Transgender）や、Aセクシャル（無性愛）など、世間にはあまり知られていない性的指向も含まれる。また、Questioning（クエスチョニング）と呼ばれる自身の性自認や性的指向が定まっていない人や、既存の性の在り方に左右されないXジェンダーの人など、セクシャル・マイノリティ（性的少数者）の枠組みはさまざまである。

　セクシャル・マイノリティについての診断基準において、DSM-5やICD-10では「障害」という表記がなくなった。また、日本の社会的な動きとして、東京都の渋谷区、世田谷区では、2015年から同性パートナーシップ制度を取り入れ、世間の注目を集めた。

　性に関する悩みをもつ人々は大人だけではない。2004年に「性同一性障害者の性別の取扱いの特例に関する法律」が施行され、学校においても性同一性障害への対応が行われている。しかし、2017年時点で小・中・高等学校で用いられている「保健」「保健体育」の教科書において、性別は男女の区分のみの記載であり、現行の学習指導要領には、思春期

126　Ⅲ　学校心理学にもとづく教育相談の実際

になると異性への関心が高まると記すに留まり、LGBT などセクシャル・マイノリティには触れられていない。小学 2 年生の男児が性同一性障害と診断された例もあり、子どもに対しても男女の枠組みだけでは説明できないセクシャル・マイノリティが存在することを理解し、学校でも対応することが求められる。

事例　性別違和に悩む中学 1 年生 G さん

(1) 概要

　G さんは、生物学的に女性であるが、性自認的、性役割的に男性であり、性的指向は女性である。女性としての身体に熾烈な違和感があり、小学生ころには、スカートの着用を嫌がったり、女子更衣室で女子児童と一緒に着替えることを避けたりするようになった。

　公立の中学校に入学した G さんは、毎日スカートの制服を着て登校しなければならないことに嫌悪感を抱き、学校を休みがちになってしまった。このころには、G さん自身、自分の性別への違和感をはっきり自覚するようになり、インターネットなどで得た知識から、自分は性同一性障害であると感じていた。

(2) 経過と対応

　学校を休みがちである G さんに対し、G さんの母親は、本当は学校で何か嫌なことがあったのではないかと、担任に連絡をとった。しかし、いじめなどは見受けられず、友人は多くはないが仲の良い友人もいるということであった。むしろ、担任からは G さんがジャージで登校することについて、家庭でも指導するように言われた。母親は、G さんが昔からスカートを履くのを嫌がっていたことを思い出し、性同一性障害の可能性を考えた。

　母親は、G さんと性同一性障害について話し、G さんもそうではないかと思っていたことを話すことができた。しかし、G さんと母親は、そのことを学校側に話しても十分な理解と援助も得られず、逆に G さ

んが過ごしづらくなることを懸念していた。

　担任もまた、Gさんの母親からの話からGさんの性同一性障害の可能性を考え、SCに相談した。そこで、SCがGさんと話をすることとなった。何度か面接を続けているうちに、Gさんから性別に違和感があることが打ち明けられた。

　SCは、Gさんと母親に医療機関の受診を勧めた。その際、医療機関を受診することは、Gさん自身が自分を理解し、適切な知識を身につける機会となることを説明した。また、学校側の対応としても、医療機関の専門家から知見を得ながら行うことで、よりGさんのためになる援助が行えることを伝えた。Gさんと母親は、その説明に納得し、父親とも相談して受診を試みることになった。

対応のポイント

　文部科学省は2015年に「性同一性障害に係る児童生徒に対するきめ細かな対応の実施等について」を発表した。この通知では、学校において支援体制をつくること、医療機関と連携すること、保護者と連携すること、教育委員会としても支援することが盛り込まれている。さらに、学校における支援事例の項目も記載されている（表6-2）。上記の事例においても、Gさんへのその後の支援として表6-2にあるような配慮が必要である。さらに、文部科学省は、「性同一性障害や性的指向・性自認に係る、児童生徒に対するきめ細かな対応等の実施について（教職員向け）」を発表している。児童生徒にかかわる教職員の方々には、ぜひとも参照されたい。

　しかし、このような限定的な配慮は、理想論に留まっているのが現状である。服装がほかの児童生徒と異なることは、学校の秩序を乱す行為とみられ、児童生徒や保護者から奇異な目でみられてしまうリスクもある。当事者への対応だけでなく、不必要な性別による色分けをなくしたり、男女混合名簿を採用したりするなど、性別の多様性を前提とした学校風土をつくっていく努力も必要である。また、児童生徒へ向けた「性

表 6-2　性同一性障害に係る児童生徒に対する学校における支援の実例
（文部科学省，2015）

項目	学校における支援の実例
服装	自認する性別の制服・衣服や、体操着の着用を認める。
髪型	標準より長い髪形を一定の範囲で認める（戸籍上男性）。
更衣室	保健室・多目的トイレ等の利用を認める。
トイレ	職員トイレ・多目的トイレの利用を認める。
呼称の工夫	校内文書（通知表を含む。）を児童生徒が希望する呼称で記す。
授業	体育又は保健体育において別メニューを設定する。
水泳	上半身が隠れる水着の着用を認める（戸籍上男性）。
運動部の活動	自認する性別に係る活動への参加を認める。
修学旅行等	1人部屋の使用を認める。入浴時間をずらす。

の多様性」の授業、専門家による保護者・教職員へ向けた講習会などを行うことも、性別の多様性を前提とした学校風土づくりの礎となる。

文　献

石丸径一郎　2017　連載 子どもの LGBT についての理解と関わり 最終回 大人ができること．児童心理，71（5），503-509．金子書房

葛西真記子　2011　同性愛・両性愛肯定的カウンセリング自己効力感尺度日本語版（LGB-CSIJ）作成の試み．鳴門教育大学研究紀要，26，76-87．

川又俊則　2017　養護教諭による「性の多様性」のアクティブ・ラーニングに関する一考察——「チーム学校」としての人権教育と性教育．生活コミュニケーション学研究所年報，8，47-57．

松嶋淑恵　2012　性別違和をもつ人々の実態調査——経済状況、人間関係、精神的問題について．人間科学研究科修士課程論文コンテスト入賞論文，185-208．

文部科学省　2015　性同一性障害に係る児童生徒に対するきめ細かな対応の実施等について．

高藤真作・岡本祐子　2017　青年期の男性同性愛者・両性愛者の性的目覚めから性的指向の開示に至るプロセス，心理臨床学研究，35（3），297-303．

6 児童虐待

現状と課題

　全国の児童相談所での児童虐待の相談件数は増加の一途をたどり、平成 28 年度（速報値）では 122,578 件であった（厚生労働省，2017）。虐待相談の内容の内訳をみると、「心理的虐待」が 63,187 件と全体の半数を占め、次いで「身体的虐待」31,927 件、「ネグレクト」25,842 件、「性的虐待」1,622 件の順になっている。ただし、児童虐待の相談件数増加の背景には、世間の虐待に対する意識が高まり、近隣住民などからの通告が増加したことや、児童虐待の概念が拡大したことなどがあると考えられる。

　学校が果たす役割としては、福祉事務所、児童相談所等への通告があげられる。平成 28 年度に児童相談所に寄せられた虐待相談の相談経路は、警察等、近隣知人、家族、学校等からの通告が多い。平成 18 年度の調査以降、学校等による通告は全体の 10％前後を占め、学校の役割として今後も果たされなければならない。

　また、学校が地域と連携していることで、児童虐待の予防、早期発見に役立つ。かつては、家族そのものが大きな集団であり、地域の人々とも相互の行き来が密であった。しかし現在では、家族は地域から孤立し、小さい家族の中で、生みの親のみに見守られながらの成長で、親の養育負担が大きく、養育途中で逸脱行為（虐待）が起き、起こりかけても、他人の目による抑止が生じにくい。孤立した小さい家族と地域を結ぶ架け橋としての学校が、昔とは異なる支援ネットワークを拡げていくことが求められている。児童虐待防止対策に関する関係閣僚会議（厚生労働

省，2018）では、「学校における児童虐待の未然防止、早期発見・早期対応や関係機関との連携・協力を進めるため、校務分掌に児童虐待対応を位置付けるなど、組織的対応が可能となる体制の整備を図るとともに、スクールソーシャルワーカー等の配置を促進する」と、連携の推進が強調されている。

事例　虐待の疑いがもたれた小学 3 年生 H さん

(1) 概要

　H さん（前の夫の子）は、母親、5 歳の妹（前の夫の子）、母親と内縁関係にある男性と 4 人家族である。H さんが小学 2 年生の時に両親は離婚し、離婚後は離婚以前から付き合いのあった男性と同居を始めた。

　小学 3 年生になった H さんは、学校で突然大声をあげてクラスメイトを罵り、止めに入った先生に対し暴れて抵抗するなど、今までとは違った様子がみられるようになり、先生も対応に困ることが増えた。また、腕や足に痣がみられることもあり、連日同じ服で登校することが増えた。

(2) 見立てと対応

　学校では、H さんを援助するためのチーム会議が行われた。会議の参加者は、H さんの担任、特別支援コーディネーター、養護教諭、副校長であった。1 回目のチーム会議では、H さんの発達障害の可能性や、家庭環境の変化による情緒不安定さ、家庭環境の複雑さや、痣があることなどから、虐待の疑いが話し合われた。

　痣について担任から母親に問い合わせると、遊んでいる最中に転んだためという返答があった。H さんに聞いてもはぐらかすばかりで真偽が判断できないため、虐待が疑われることについては、家庭環境の相談も受けもっている子育て支援課（要保護児童対策地域協議会）に情報提供を行い、子育て支援課や児童相談所が調査・対応することとなった。

また、Ｈさんの様子を見守るため、全教職員で情報を共有し、少し
でも気づくことがあれば職員会議にて報告するようにした。担任や養護
教諭は、Ｈさんの不安や虐待の可能性を考慮し、日ごろから声をかけ
るなど、話しづらいことでも言えるような信頼関係づくりに努めた。

対応のポイント

(1) 被虐待経験のある（可能性のある）児童生徒への対応

　虐待に関する学校の役割は、先述した自治体の福祉事務所や児童相談
所などへの通告に加え、なにより被虐待の可能性のある児童生徒への援
助が重要である。虐待を受けている子どもは、学校で不適応行動を示す
ことも多く、援助ニーズは大きい。

　一方で、教師は不適応行動の原因を安易に発達障害に結びつけてしま
いやすいことが指摘されている。不適応行動は、親から十分な養育を受
けられないために社会性を保てないなど、親子関係の機能不全に由来し
ていることもあり、必ずしも発達上の問題であるとは限らないことを教
師は念頭においておかなければならない。そして、医学的心理的な判断
は、教師だけでするのではなく、医療機関、SC、SSWと連携をとって
対応するとよい。

　また、DVや虐待が起きている家庭で育った子どもは、「家の中で起
きたことは外で話してはいけない」という圧力を受け続けているため、
人に対して「安心しておしゃべりできる」という経験をもったことがな
い。したがって、安心して話せる相手や環境が必要となる。教師やSCは、
児童生徒が自分の経験を話し、嫌なことを表現できるような関係をつく
ることに努める必要があるだろう。

　ただし、虐待を受けた（可能性のある）児童生徒から話を聴くにあた
り、不十分な知識と不適切な方法で行ってはならない。後にその証言が
虐待の判断根拠として軽く判定されたり、児童生徒自身の回答が変節す
る場合があったり、結果として児童生徒を守れなくなることがあるため

132　Ⅲ　学校心理学にもとづく教育相談の実際

である。虐待の疑いがあった時点で速やかに通告を行い、児童相談所などと連携して支援にあたることが大切である。

（2）通告の義務

　児童虐待防止法では、「児童虐待を受けたと思われる児童」を発見したすべての国民に、自治体の福祉事務所や児童相談所等に通告することを義務付けている（第6条）。

　自治体によって名称などは異なるが、市区町村役場の窓口でも対応している。市区町村で対応可能なものは、自治体主導で調査・支援を行うこともできる。学校のみで抱え込まず、疑わしければ自治体の福祉事務所や児童相談所に通告することが義務化されている。

　また、学校等の児童の福祉に業務上関係のある団体及び学校の教職員等の児童の福祉に職務上関係のある者は、児童虐待を発見しやすい立場にあることを自覚し、児童虐待の早期発見に努めなければならない（第5条）。

　学校側の速やかな通告が、被虐待児童の早期発見につながり、児童生徒の安全を守ることにつながる。

（※第5条、第6条は児童虐待防止法を指す。）

文　献

深谷和子　2017　「親性」の揺らぎと子ども虐待. 児童心理, 71（18）, 126-130. 金子書房

厚生労働省　2012　児童虐待の防止等に関する法律（平成十二年法律第八十二号）.

厚生労働省　2017　平成28年度 児童相談所での児童虐待相談対応件数＜速報値＞. http://www.mhlw.go.jp/file/04-Houdouhappyou-11901000-Koyoukintoujidoukateikyoku-Soumuka/0000174478.pdf（2018年5月2日閲覧）

厚生労働省　2018　児童虐待防止対策の強化に向けた緊急総合対策　https://www.mhlw.go.jp/content/11901000/000336226.pdf（2018年7月25日閲覧）

南部さおり　2015　教師（養護教諭）による発見. 児童心理, 69（15）, 80-85. 金子書房

野田正人　2015　児童虐待への支援の基本. 児童心理, 69（15）, 106-110. 金子書房

7 受験ストレス

現状と課題

　受験は多くの人々にとって重要なライフイベントのひとつである。高等学校への進学率は、昭和49年に90％を超え、平成29年度学校基本調査では、通信制の高等学校を含め98.8％である。また、高等学校卒業者のうち、大学等への進学者は、専修学校（一般課程）等への入学者を含めると、就職者の割合17.8％と比較し、70.9％とかなり多い。

　受験サポートを含む進路指導（進路相談）は、教育相談と同様、生徒指導と深く関連する学校教育活動として位置づけられている。教育相談にあたっても、児童生徒の進路に関する諸課題への対応を行うことで、児童生徒理解を深めることができ、教育相談に役立てることができる。

　児童生徒にとっては、不合格に対する恐れや合格へのプレッシャーなど、受験によるストレスは多岐にわたる。しかしながら、「受験勉強にどうしたら身が入るか」といった悩みについて、教育相談担当やSCなどに相談されることは少ない。進路相談においても、相談できる人や場所として児童生徒に認識されるような働きかけが求められる。

　また、受験というライフイベントを迎えるにあたり、不登校や問題行動がみられた児童生徒も、進路をどうするかに取り組む必要が出てくる。そういった児童生徒も含め、教育相談担当やSCなどによる児童生徒への積極的な声掛けや、担任とのコンサルテーション（助言）も教育相談の重要な役割である。

　受験ストレスを抱えた児童生徒の支援においては、その児童生徒をとりまく環境が重要となる。受験生本人のストレスに加え、保護者の苦労

も看過してはならない。保護者が、児童生徒に過度なプレッシャーを与えている可能性もある。SCなどが受験生のメンタルを支援する場合には、保護者との連携も視野に入れて行われるべきである。

事例　受験に焦りを感じる高校3年生Iさん

(1) 概要

Iさんは公立の進学校に通っている男子高校生である。高校生になってから、学校の授業に加え、予備校の勉強にも励んでいた。高校2年生の1月ごろからは、有名国立大学を目指し、本格的に受験勉強を開始した。しかし、思ったように結果は振るわず、第一志望校の合格判定は夏休み終了時の模試でもE判定のままであった。Iさんが焦りを感じている中、今までクラス順位も振るわなかった友人が、同じ志望校の合格判定でC判定をもらった。Iさんは、このままでは志望校に合格できないと考え、睡眠時間を削って勉強するようになったが、勉強に集中できない時間が増え、学校の授業中に寝てしまうことも出てきた。

(2) 見立てと対応

進路相談担当による面談により、Iさんが受験に大きな不安と焦りを感じていることや、睡眠不足であること、勉強中に頭痛が生じる時があることがわかった。そこで、担任は身体的な側面を考慮し、養護教諭にIさんとの面談を依頼した。養護教諭との面談では、志望校に合格できなかったらどうしようという不安や、今までの努力がなかなか結ばれず、友人に追い抜かれる焦りが語られた。また、Iさんは周囲からのプレッシャーを感じ、苦しんでいるようであった。とくに、母親は夜中まで勉強をしているIさんに夜食を用意するなど、よくサポートしてくれるが、Iさんは「ここまで面倒をみてもらって合格できなかったらどうしよう」という気持ちを話した。

その後は、Iさんの体調に気を配るためにも、引き続き養護教諭が定期的な面談を行うこととなった。面談は、受験が終了し、Iさんの卒業

まで８回実施された。また、担任は母親との面談を行い、Ｉさんの睡眠時間の確保や、過度なプレッシャーを与えていないか話し合った。

養護教諭との面談は、以下の方針ですすめられた。

①受験ストレスによって身体にも影響が出てしまっていること、睡眠不足や頭痛といった症状は、受験が終われば軽減することを伝える。また、必要があれば心療内科の受診を勧める。

②Ｉさんの努力を労い、Ｉさんの話を傾聴・受容することにより、不安や焦りに寄り添う。

③受験へのモチベーションを維持するため、将来の目標や、大学生になったらやってみたいことを書いてもらう。

④受験のストレスと向き合うため、休息をとるなど、Ｉさんに合った対応を話し合う。

Ｉさんは養護教諭との面談と心療内科で処方された漢方薬で、受験ストレスと向き合い、無事志望校に合格することができた。受験終了後には、不安や睡眠不足の症状なども軽減した。

対応のポイント

（1）一次的援助サービスとしての進路相談

進路相談は、すべての生徒を対象に行う一次的援助サービスである。進路相談を行う際には、以下の４点をポイントに生徒の話を聞くとよいだろう。①生徒がクラスや部活動、生徒会活動などで、自分の行動について選択できている。②学校生活を通して自分の適性を吟味し、将来設計し直している。③目指す職業について理解している。④進路について、多様な情報を収集し、具体的な進路を選択できている。

以上の４点ができていない場合には、二次的、三次的援助サービスが必要と判断し、一人ひとりのニーズに応じたかかわりを考えたい。

（2）保護者の視点から　〜子どものサインを見分ける〜

保護者の中には、子ども目線に立ち、子どものためを思いやっている

つもりでも、実は親目線であることに気づかない人もいる。

　最終的に、受験することやその結果がどんな意味をもつのかを見出すのは、親でなく子ども自身である。しかし、保護者は自身の経験や価値観を子どもに押しつけて考えてしまうことが多い。子ども目線に立てないことは、保護者が苛立ちや無力感につながるなど、子どもだけでなく保護者自身にとってもつらい。受験ストレスを抱えた児童生徒に対応する場合は、児童生徒とその保護者とのかかわりに注目することがひとつのポイントである。また、必要に応じて、教員や SC が保護者と面談することや、連携をとることが効果的である。

（3）心が折れているサインを見逃さない

　受験生は保護者など周囲の大人に応援されていればいるほど、志望校を変えたいと言えない場合がある。例えば、「本当は合格できると思っていないが、今さら志望校を変えるとは言いづらい」という心理が働く。進路相談担当や担任は、受験生を叱咤激励する役割にとらわれず、児童生徒の様子をチェックする必要がある。

　とくに、児童生徒の健康面の変調（身体化）に、心が折れているサインが隠されている場合がある。事例にもあるように、受験への不安感などが身体化し、頭痛などの身体的症状として現れる。このような場合は、単なる体調不良ではないかもしれないことを考え、心理面のアセスメントを併せて行うことが、受験生へのよりよい援助につながる。

文　献

生田純子　2000　学校教育相談の進め方──スクールカウンセラーや教育相談コンサルタントを経験して．東海女子大学紀要，20，89-103.

文部科学省　2010　生徒指導提要.

文部科学省　2017　平成 29 年度学校基本調査について（報道発表）．http://www.mext.go.jp/component/b_menu/other/__icsFiles/afieldfile/2018/02/05/1388639_1.pdf（2018 年 4 月 24 日閲覧）

荻野ゆう子　2012　子ども目線に立てない親へのカウンセリング──お受験志向と親目線．児童心理，66（13），1120-1124.　金子書房

8 発達障害

現状と課題

　厚生労働省「発達障害の理解のために」（2008）によれば、「発達障害とは自閉症、アスペルガー症候群その他の広汎性発達障害、学習障害、注意欠陥多動性障害その他これに類する脳機能障害であってその症状が通常低年齢において発現するもの」と定義されているが、統一された定義は存在しない。世界保健機関（WHO）による ICD-10 では「心理的発達障害」、アメリカの精神医学会の DSM-5 では「神経発達症群／神経発達障害群」という分類で関連障害をまとめて総称している。DSM-5 の「神経発達症群／神経発達障害群」の中では、知的能力障害群、コミュニケーション症群／コミュニケーション障害群、自閉スペクトラム症／自閉スペクトラム障害、注意欠如・多動症／注意欠如・多動性障害、限局性学習症／限局性学習障害、運動症群／運動障害群を、「発達期に発症する一群の疾患」としてあげている。

　また、文部科学省で 2012 年に行われた調査によると、発達障害の可能性のある児童の割合は 6.5％であり、通常学級における発達障害傾向のある子どもへの援助やさまざまな指導がなされている。近年、発達障害が広く知られるようになり、教育相談においても発達障害に関連するものが多い。しかしながら、近年では発達障害という言葉だけが独り歩きしているようにも感じられる。子どもたちを見守る中で、安易に「発達障害だから……」とレッテルを貼り、援助をあきらめたりすることのないようにしてもらいたい。養育環境など周囲の環境によっては、発達障害のような症状を呈する場合もある。発達障害の子どもたちは、環境

を整えることで、その子の力を発揮できるのである。

事例　発達障害を抱える小4女子Jさん

（1）経緯

　Jさんは、小学校1年生の時から忘れ物や立ち歩きをすることがあり、4年生ごろより顕著に見られるようになった。最近では宿題を提出しなくなり、机の中にプリント類が溜まっていた。また、よくイライラして、クラスメイトに暴言を吐くことや喧嘩をするようになっていた。母親からは、何度叱っても忘れ物をするし、最近はいくら言っても宿題をしないため、どうしたらよいかわからないと学級担任に相談があった。そこで、担任から校長に依頼し、チームによる援助が開始された。

（2）チーム援助の過程

　担任から相談された校長が、学年主任、担任、養護教諭、SC、保護者によるチーム会議の場を設定し、次のような過程でチーム援助を行った。

【第1回】（参加者：校長・学年主任・担任・SC・養護教諭・母親）

　まず、Jさんの援助資源（家族や友人など）について参加者全体で情報の共有をした。Jさんは一人っ子で、父、母、Jさんの3人家族である。とくに親しい友だちはいないが、男子児童に混ざってサッカーをしているとのことだった（担任）。

　Jさんは、理科に興味がありよく発言することや、運動と健康面には問題ないことが報告された（担任）。一方で、宿題に取りかかるのがつらそうである様子が報告された（母親）。また、Jさんが腹痛と頭痛を訴えて保健室に頻繁に来ること（養護教諭）や特定の順番でしつこく掃除をするこだわりがあり、周りの掃除の順番が少しでも違うとイライラしてしまうことも報告された（担任）。母親からは「何か病気なのではないか」と思うので、医療機関にかかるべきかとの不安が語られた。そ

こで、共有した情報をもとに、援助計画として担任がJさんの宿題を放課後にみることやほかの教員もJさんに声をかけること、SCが母親にいくつか医療機関を勧めることも提案された。

【1回目から2回目の経過】

担任がJさんの宿題を放課後にみていたところ、算数の文章題の理解や国語の意味理解に困難さがあることがわかってきた。また、ほかの教員が、Jさんとほかの児童がサッカーをしている際、ルールにこだわりをもっていることやルールをめぐってトラブルになっている様子を目撃した。母親からは、Jさんが登校する際に腹痛や頭痛を訴えることがあると連絡があった。

母親に連れられて、Jさんが医療機関にかかったところ、主治医より注意欠如／多動症（AD/HD）と自閉症スペクトラム症（ASD）であると診断があり、いくつか薬が処方された。また、母親を経由して、主治医より薬が十分に効いているか検討をしたいため、学校と連携をとりたいとの連絡があった。

【第2回】（参加者：学年主任・担任・SC・養護教諭・主治医〈紙上コンサルテーション〉）

Jさんの様子を共有し、対応について検討を行った。まず、主治医よりJさんの腹痛と頭痛は学校生活の苦戦が要因となっている可能性があるとの紙上コンサルテーションがあった。そこで、担任がSCと一緒にJさんの学級に対して対人関係プログラム（対人関係ゲーム）を行うこと、宿題の支援を継続して担任との関係づくりを行うことが提案された。Jさんが得意とする理科でよい発言をした時に見逃さずにほめることも提案された。

【2回目から3回目の経過】

Jさんは学習支援を受けることで、自主的に少しずつ宿題を行うようになった。さらに、対人関係プログラムを通して少しずつクラスメイトとかかわれるようになっていった。

また、Jさんが薬を服用し始めてから、少しずつ喧嘩をする様子が見られなくなった。しかし、腹痛と頭痛を訴えて保健室に来室することは

減らなかった。養護教諭がJさんに話を聞くと、クラスメイトともめて気持ちが高まった時に、暴力や大声を出す方法以外に、どのようにして対応すればいいかわからないということであった。

【第3回】（参加者：学年主任・担任・養護教諭・SC・主治医〈紙上コンサルテーション〉）

　Jさんの様子と悩みについて共有し、対応について検討を行った。主治医より、投薬以外にも環境の調整も必要ではないかとの紙上コンサルテーションがあった。Jさんの様子から、保健室はJさんにとって安心できる場所として機能していることが考えられたので、Jさんの気持ちが高まったり、イライラしたりする時には、保健室でクールダウンをすることが提案された。

【3回目から4回目の経過】

　Jさんが保健室にクールダウンに行くようになってから、Jさんはイライラすることや頭痛と腹痛を訴えることが少なくなった。学級での対人関係プログラムについては継続して行い、Jさんがクラスメイトと遊んだり、仲良くかかわったりしている様子がみられた。加えて、掃除や遊びのルールに対するこだわりでもめることがあっても、以前よりトラブルになることが減った。

【第4回】（参加者：学年主任・担任・SC・養護教諭）

　Jさんはいくつかの課題があるものの、対人関係プログラムや個別支援を通して回復している様子が見受けられた。今後も現在の支援を継続して行うとともに、頻度を減らしてチーム会議を開き、Jさんをチームで継続してみていくこととなった。

対応のポイント

　Jさんのように学校生活で苦戦している児童に対して行える支援として、例えば、全ての場面で適切な行動を見つけ、ほめることがあげられる。適切な行動はその結果としてもたらされる後続刺激によって増加していくので、まずは適切な行動を見つけることが必要になると考えられ

る。Jさんの事例のように、教員間で情報を共有すること、他の教員の協力を得ることによって、適切な行動を見つけやすくなる。また、ほめた後の児童の様子を観察することも重要である。ほめた結果が行動に結びついているか検討することにより、その児童の援助ニーズに応じたかかわりができているかどうかの指標となる。

　また、事例のように他の児童とのかかわりや話し合いが苦手な児童に対する援助法のひとつとして対人関係プログラムがある（田上，2003）。対人関係ゲームを通して、人間関係をゲーム（遊び）の中で体験し、質の高い学級集団を実現するカウンセリング技法で、学級担任が実施できる。

　最後に、発達障害を抱える児童が学級内にいることで、学級集団のまとまりが弱まったり、学級経営が困難になったりといった不安を感じる教職員も少なくないことだろう。そこに、医療機関等の外部とのネットワークがあると多職種との連携が可能となり、本事例のような投薬などの医療アプローチと環境調整などの教育的アプローチがつながり、児童によりよい援助を行うことが可能となる。医療機関等との連携を行うことにより、発達障害やその傾向にある児童を支えることができる。

文　献

厚生労働省　2008　発達障害の理解のために．

融道男・中根允文・小見山実・岡崎祐士・大久保善朗　2005　ICD-10 精神および行動の障害——臨床記述と診断ガイドライン．医学書院

文部科学省　2012　通常の学級に在籍する発達障害の可能性のある特別な教育的支援を必要とする児童生徒に関する調査結果について．

田上不二夫（編）　2003　対人関係ゲームによる仲間づくり——学級担任にできるカウンセリング．金子書房

山本淳一・池田聡子　2007　できる！をのばす　行動と学習の支援　応用行動分析によるポジティブ思考の特別支援教育．日本標準

COLUMN　教師に対する援助要請

　子どもたちは、"悩みを抱えながらも相談しない"ことが多いといわれている。もちろん、自分で解決できる悩みもあるだろう。しかし、問題なのは、「相談したい」「助けを求めたい」という気持ちがあるにもかかわらず、それができない状況である。教育相談を行うにあたって、教職員側から児童生徒へのアプローチも大切であるが、子どもが相談しやすい環境を整えておくことも大切である。

　そのような視点から、生徒から教師への援助要請に関する研究を行っている（岩井・山口，2017）。援助要請とは、文字通り助けを求めることであり、その概念は大きく3つにわけて考えられている。①相談することに対する態度や考え方である「援助要請態度」、②「相談しよう」と意思決定することやその意思の強さである「援助要請意図（意志）」、③実際に相談する行為である「援助要請行動」である（図1）。

　「相談したい」「助けを求めたい」という気持ちがあるにもかかわらず、実際の行動に移さない（移せない）という場合は、援助要請意図→援助要請行動の流れが滞っていることになる。生徒から教師への援助要請の場合、その流れが滞る要因として、生徒の教師に対する信頼感をあげられる（図2）。教師に相談したい、助けを求めたいと思っている生徒（援助要請意図がある生徒）は、教師に対する「安心感」と、教師の「正当性」が高い場合に、実際に援助を求めやすい（援助要請行動がある）ことが

図1　援助要請の概念（本田，2015より作成）

図2 生徒の教師に対する信頼感が援助要請行動に与える影響
(岩井・山口，2017)

指摘されている。

　つまり、より子どもたちが相談しやすい教師は、安心感があり、正当性のある人物ということになる。子どもたちが相談しやすい環境には、このような教師が必要であろう。

　教育現場において、子どもたちが抱えている問題によっては、相談につながりにくいケースもある。そのような場合に備え、援助要請の視点をもち、援助をなかなか求めない（求められない）子がいることを念頭におく必要がある。そして、こちらから子どもたちにアプローチすることに加え、子どもたちが相談しやすい環境づくりに努めていきたい。

文　献
本田真大　2015　援助要請のカウンセリング――「助けて」と言えない子どもと親への援助．金子書房
岩井千夏・山口豊一　2017　教師への信頼感及び自尊感情と援助要請行動の関連．日本学校心理学会第19回大会発表論文集

おわりに

　本書は、「無邪気で元気」とはいえない子どもたちが多い現代において、家庭、学校で、なんとか子どもたちの心身の健康を支えようと奮闘している保護者、教師、支援者の皆様に捧げます。

　教育学、心理学、医学などの知見を参考に取り組んでも、「絶対正しい」指針がない中、支援者側も疲弊し、子どもたちも、さらに混乱の中にあります。何かとんでもなく難しい課題に取り組んでいるかに思えますが、日常のかかわりをゆっくり振り返ってみると、ちょっとした当たり前のかかわりの中に、解決の糸口があるかもしれません。「子どもの元気」をバロメーターにして、科学の目をもって、日常のさまざまな取り組みを自ら研究してみる必要があるかもしれません。そのような取り組みの中で、お役に立てればと思います。

　最後に、著者の一人にと、お声かけくださった山口豊一先生に、心より感謝いたします。また、なかなか原稿が整わない中、道を示し、整理してくださり、この本が完成にたどり着く原動力を与えてくださった、金子書房池内邦子さんのご尽力に、心より感謝いたします。

2018 年 8 月　尋常ではない酷暑の夏に

松嵜くみ子

著者紹介

山口豊一（やまぐち　とよかず）

聖徳大学心理・福祉学部心理学科教授
同大学通信教育学部心理・福祉学部、
同大学大学院臨床心理学研究科教授
同大学附属心理教育相談所長
学校心理士SV、臨床心理士、特別支援教育士SV

日本学校心理学会副理事長
学校心理士認定運営機構理事・事務局長

筑波大学人間総合科学研究科博士課程修了。
博士（カウンセリング科学）。
茨城県の公立小・中学校教諭、茨城県教育研修センター指導主事、茨城県
スクールカウンセラー、跡見学園女子大学教授などを経て現職。

著書『学校心理学が変える新しい生徒指導——一人ひとりの援助ニーズに
　　応じたサポートをめざして』（学事出版、共編著）など

松嶋くみ子（まつざき　くみこ）

跡見学園女子大学心理学部臨床心理学科教授
同大学大学院人文科学研究科臨床心理学専攻教授
臨床心理士

日本小児精神神経学会常務理事・企画委員
日本子ども健康科学会理事・事務局長

青山学院大学大学院文学研究科心理学専攻博士課程単位取得済退学。医学
博士（小児科学）。
国立小児病院アレルギー科、昭和大学江東豊洲病院小児科、埼玉医科大学
病院小児科、うちやまこどもクリニックにおける心理士、東京都スクール
カウンセラーなどを経て、現職。

著書　『子どものQOL尺度　その理解と活用——心身の健康を評価する日
　　本語版 KINDL[R]』（診断と治療社、共編著）など

学校心理学にもとづく教育相談
――「チーム学校」の実践を目指して

2018 年 10 月 29 日　　初版第 1 刷発行　　　　　　　　　　検印省略

著　者　　山口豊一・松嵜くみ子
発行者　　金子紀子
発行所　　株式会社　金子書房
　　　　　〒 112-0012　東京都文京区大塚 3 － 3 － 7
　　　　　ＴＥＬ 03-3941-0111　ＦＡＸ 03-3941-0163
　　　　　振替 00180-9-103376
　　　　　URL http://www.kanekoshobo.co.jp

印刷　藤原印刷株式会社　　　製本　株式会社宮製本所

©Toyokazu Yamaguchi, Kumiko Matsuzaki 2018
ISBN 978-4-7608-2422-9 C3011 Printed in Japan

いじめ問題解決ハンドブック
——教師とカウンセラーの実践を支える学校臨床心理学の発想

山本　獎　大谷哲弘　小関俊祐・著
定価　本体 2,200 円＋税

発達が気になる子どもの療育・発達支援入門
——目の前の子どもから学べる専門家を目指して

市川奈緒子　岡本仁美・編著
定価　本体 2,100 円＋税

公認心理師のための発達障害入門

黒田美保・著
定価　本体 1,800 円＋税

情報モラル教育
——知っておきたい子どものネットコミュニケーションとトラブル対応

西野泰代　原田恵理子　若本純子・編著
定価　本体 1,800 円＋税

援助要請と被援助志向性の心理学
——困っていても助けを求められない人の理解と援助

水野治久・監修　永井智　本田真大　飯田敏晴　木村真人・編
定価　本体 2,500 円＋税

援助要請のカウンセリング
——「助けて」と言えない子どもと親への援助

本田真大・著
定価　本体 2,300 円＋税

子どもと教師のための「チーム援助」の進め方

水野治久・著
定価　本体 1,800 円＋税

柘植雅義 監修●ハンディシリーズ 発達障害支援・特別支援教育ナビ

各巻　定価　本体 1,300 円＋税

教師と学校が変わる学校コンサルテーション	奥田健次 編著
発達障害のある子／ない子の学校適応・不登校対応	小野昌彦 編著
発達障害の子を育てる親の気持ちと向き合う	中川信子 編著
発達障害のある大学生への支援	高橋知音 編著
発達障害のある子の社会性とコミュニケーションの支援	藤野　博 編著
学校での ICT 利用による読み書き支援 ——合理的配慮のための具体的な実践	近藤武夫 編著
発達障害の早期発見・早期療育・親支援	本田秀夫 編著
発達障害のある人の就労支援	梅永雄二 編著
これからの発達障害のアセスメント ——支援の一歩となるために	黒田美保 編著
発達障害の「本当の理解」とは ——医学，心理，教育，当事者，それぞれの視点	市川宏伸 編著
ユニバーサルデザインの視点を活かした指導と学級づくり	柘植雅義 編著